Prix: 3 fr.

PUBLICATION DE LA RÉUNION DES OFFICIERS.

CONFÉRENCES RÉGIMENTAIRES

SUR LA

FORTIFICATION

A L'USAGE

DES OFFICIERS D'INFANTERIE ET DE CAVALERIE

DES OFFICIERS DE L'ARMÉE TERRITORIALE

DES ÉCOLES RÉGIMENTAIRES ET DES VOLONTAIRES D'UN AN

PAR

E. HARDY

Capitaine adjudant-major au 130e de ligne.

Extrait du **Journal des Sciences militaires.**
(Avril, Mai, Juin et Juillet 1874.)

PARIS

IMPRIMERIE ET LIBRAIRIE MILITAIRES
J. DUMAINE
RUE ET PASSAGE DAUPHINE, 30

1874
Tous droits réservés.

CONFÉRENCES RÉGIMENTAIRES

SUR LA

FORTIFICATION

Paris. — Imprimerie de J. Dumaine, rue Christine, 2.

PUBLICATION DE LA RÉUNION DES OFFICIERS.

CONFÉRENCES RÉGIMENTAIRES

SUR LA

FORTIFICATION

A L'USAGE

DES OFFICIERS D'INFANTERIE ET DE CAVALERIE

DES OFFICIERS DE L'ARMÉE TERRITORIALE

DES ÉCOLES RÉGIMENTAIRES ET DES VOLONTAIRES D'UN AN

PAR

E. HARDY

Capitaine adjudant-major au 130ᵉ de ligne.

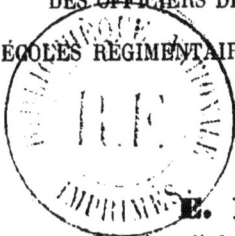

Extrait du Journal des Sciences militaires.
(Avril, Mai, Juin et Juillet 1874.)

PARIS

IMPRIMERIE ET LIBRAIRIE MILITAIRES

J. DUMAINE

RUE ET PASSAGE DAUPHINE, 30

1874

CONFÉRENCES RÉGIMENTAIRES

SUR LA

FORTIFICATION[1].

La fortification est de toutes les études militaires la plus difficile.

La grande portée du fusil, les progrès de l'artillerie et l'expérience des dernières guerres ont modifié les principes adoptés pour la fortification du champ de bataille, aussi bien que pour la fortification permanente; mais aucun traité, aucun corps de doctrine n'a déterminé absolument les nouvelles règles à suivre.

Ce n'est qu'en ajoutant à l'étude des anciens traités les connaissances recueillies, depuis trois ans, dans les travaux des écrivains militaires les plus autorisés, qu'il est possible de résumer les notions de fortification indispensables à un officier d'infanterie.

Les quatre conférences que nous publions ont été faites au 130e régiment d'infanterie, d'après le programme fixé par le chef de corps.

Nous n'avons d'autre but, en les publiant, que d'indiquer un programme rationnel, qu'on peut développer en moins d'une heure, et d'éviter de longues et coûteuses recherches aux officiers chargés du cours de fortification dans leurs régiments.

PREMIÈRE CONFÉRENCE.

SOMMAIRE.

I. GÉNÉRALITÉS. — Définition. — Fortification permanente. — Utilité de la fortification. — Fortification passagère. — Aperçu historique. — Principe absolu.

II. ETUDE DU RETRANCHEMENT. — *Profil du retranchement* : Parapet; fossé; glacis; angle mort. — *Tracé du retranchement* : Saillants et rentrants; secteurs sans feux. — *Construction du retranchement* : Déblai et remblai; calcul du fossé. — *Application au redan.* — *Profilement.* — *Ateliers* : Emploi des travailleurs d'infanterie. — *Revêtements.* — *Retranchements expéditifs.* — Relief et commandement.

III. PRINCIPAUX OUVRAGES DE CAMPAGNE. — *Coupure; Redan;* Flèche; Lunette. — Te-

---

[1] Travail communiqué par le bureau de la Réunion des officiers.

naille; queue d'aronde. — *Tracé bastionné* : Ouvrages à cornes. — *Redoute.* — Artillerie dans les ouvrages; embrasures et barbette. — Garnisons.

IV. Défilement. — Nécessité de défiler les ouvrages. — Détermination du plan de défilement. — Traverses. — Abris blindés.

I. — Généralités.

Définition. — La fortification est l'art de combiner les obstacles naturels du terrain avec certains obstacles artificiels, pour couvrir la frontière nationale, défendre une position militaire importante ou protéger les opérations d'une armée en campagne.

Fortification permanente. — Employée à la défense de la frontière, la fortification réunit toutes les ressources de l'architecture et de la construction aux plus sérieuses connaissances de l'art de la guerre. Autour des villes dont la conservation importe au salut du pays, elle trace des enceintes continues qui en font des *places fortes;* elle place des *citadelles* au sommet des hauteurs, ou bien, au débouché d'une trouée dangereuse, elle fait d'une plaine accessible un redoutable *camp retranché*; c'est ce qu'on appelle la *fortification permanente.*

Utilité de la fortification. — Née avec la guerre elle-même, elle s'est modifiée en même temps que les moyens de destruction.

Perfectionnée par les Romains, qui « durent la conquête du monde à leur habileté à remuer de la terre, » elle couvrit l'Europe féodale de fiers donjons et de solides murailles; mais, lorsque le canon succéda aux béliers et aux catapultes, les tours les plus hautes furent celles que l'artillerie renversa le mieux. Il fallut renoncer aux anciens moyens de défense, et, vers la fin du XVIIe siècle, la *fortification rasante*, tracée suivant des lignes brisées habilement combinées, parut atteindre, avec le maréchal de Vauban, les dernières limites de la science.

La science militaire n'a pas de limites.

Depuis Vauban, les progrès obtenus dans la portée et la pénétration des armes de jet, les projectiles creux, qui sont autant de mines mobiles venant, de 3,000 et 4,000 mètres, allumer leurs fourneaux au cœur même du retranchement, les inventions toujours nouvelles de l'artillerie, ouvrent aux ingénieurs militaires une voie illimitée de découvertes et de perfectionnement.

Fortification passagère. — La fortification passagère dispose de moyens plus restreints. Comme son nom l'indique, elle n'a d'autre but que de renforcer passagèrement une position militaire[1].

Utilement employée dans les opérations offensives d'une armée,

---

[1] Une position militaire est le lieu qu'une troupe choisit pour combattre.

elle devient indispensable dans la défensive. Là elle doit s'emparer des moindres obstacles du terrain, les relier entre eux par une exécution rapide et facile, suppléer au besoin à ces obstacles, en employant les ouvriers les moins expérimentés et les premiers outils venus.

Autrefois, dans la guerre méthodique de positions, les opérations étaient, d'ordinaire, subordonnées aux points fortifiés ; mais, de nos jours, les communications plus nombreuses, les mouvements plus rapides, la facilité des concentrations, imposent à la fortification l'obligation de devenir *mobile* elle-même.

Il faut qu'elle se plie aux évolutions de l'armée ; il faut que, sur le champ de bataille, des *ouvrages improvisés* compensent, tout d'un coup, la supériorité de l'ennemi en hommes et en artillerie.

Aperçu historique. — La fortification passagère, à toutes les époques de l'histoire, a été employée par les grands capitaines. César a laissé partout la trace des merveilleux travaux de ses légionnaires.

Charles-Quint avait attaché à chaque régiment de lansquenets une compagnie de 400 *pionniers,* commandée par un officier spécial, et traînant à sa suite un petit parc d'outils [1].

Gustave-Adolphe employait à fortifier les villages et les *lignes* occupées par son armée, des paysans requis ou engagés volontairement.

Turenne, tout en condamnant les travaux trop étendus et purement défensifs, se prononça pour l'emploi de retranchements d'une exécution rapide, et disposés de manière à ne pas gêner les mouvements offensifs des armées.

Il fortifiait ses positions au moyen de *redans,* protégés par des *abatis;* les outils de pionniers étaient portés par les dragons.

Pierre le Grand dut la victoire de Pultawa à sept *redoutes* élevées, pendant la nuit, sur le front de son infanterie ; la fortune de Charles XII vint se briser contre ces redoutes.

Frédéric II se fortifiait dans toutes les positions défensives, et la principale connaissance qu'il exigeait de ses officiers était celle de la fortification.

Principe absolu de la fortification passagère. —Toutefois, il considérait comme un principe absolu de « n'occuper que les positions « qu'il est possible de défendre avec les troupes qu'on a, et dont il est « réellement avantageux de rester maître. »

C'est pour avoir méconnu ce principe, en s'acharnant à vouloir s'établir dans le bois de Maslowed, qui leur était inutile pour garder l'importante position de Chlum [2], que les Autrichiens n'ont pu fermer

---

[1] Colonel Brialmont, *Fortification improvisée.* (Paris, Dumaine, 1872.)
[2] Prévost, chef de bataillon du génie, *Conférence sur le rôle de la fortification passagère dans les combats.* (Paris, Dumaine, 1869.)

la trouée par laquelle arrivait l'armée du prince royal de Prusse, et qu'ils ont perdu la bataille de Sadowa.

Jourdan inaugura à Fleurus les grandes victoires de la Révolution, en couvrant ses lignes de retranchements improvisés : *lunettes*, *flèches* et *tranchées*.

La redoute de Montenotte résista à trois assauts furieux, et assura le succès de la brillante campagne de 1796 en Italie.

Napoléon déplorait, à Sainte-Hélène, que ses généraux n'eussent pas employé plus souvent la fortification improvisée :

« Ceux qui proscrivent, dit-il, le secours que l'ingénieur peut « donner en campagne, se privent gratuitement d'un moyen auxi- « liaire jamais nuisible, toujours utile et souvent indispensable. »

Soult, battant en retraite devant Wellington, disputa le passage de la Bidassoa et de la Nivelle en construisant, sur un front de plus de 4 lieues, des redoutes et des batteries protégées par des abatis. A la bataille de Toulouse [1], des redoutes, reliées par des maisons retranchées et des abatis, firent éprouver aux Anglais des pertes énormes.

Mais, à aucune époque, la fortification n'a été employée avec plus de succès, ni d'une manière plus générale, que pendant la dernière guerre d'Amérique.

« Les soldats n'attendaient pour se fortifier, ni ordre, ni déploie- « ment de tirailleurs, ni établissement de lignes.

« Chaque troupe opérait pour son propre compte, et, avant de « songer au bois, aux vivres et au campement, *elle se terrait* avec « une rapidité extraordinaire. A défaut d'outils, on employait les baïonnettes, les couteaux, les bidons [2]. »

Les généraux américains affirment, d'après l'expérience de cette longue guerre, « qu'*une simple tranchée*, *défendue par deux rangs de* « *fantassins, constitue dans certaines conditions faciles à remplir un* « *obstacle à peu près inattaquable de vive force.* »

La malheureuse guerre de 1870-71 confirme encore ce principe. Les Prussiens se sont servis sans cesse de la fortification passagère ; ils avaient entouré Paris de *lignes de contrevallation* contre lesquelles ont échoué les efforts de la défense, et ils ont déployé une habileté remarquable dans l'exécution rapide de leurs travaux de campagne, dans la manière dont ils les dérobaient à la vue, et surtout dans la disposition des défenses accessoires.

Un jour viendra où nous mettrons à profit ces cruelles leçons.

---

[1] Cette bataille de Toulouse est considérée comme indécise par les historiens contemporains. Les journaux de l'opposition accusaient le maréchal Soult de l'avoir perdue, aussi longtemps qu'il était au ministère de la guerre, mais aussitôt que Soult n'était plus ministre, ils étaient unanimes à déclarer qu'il l'avait gagnée.

[2] BRIALMONT, *Fortification improvisée.*

II. — Étude du retranchement.

L'ouvrage le plus simple dans la fortification de campagne est un fossé derrière lequel on rejette la terre qui en a été tirée (*fig.* **1**).

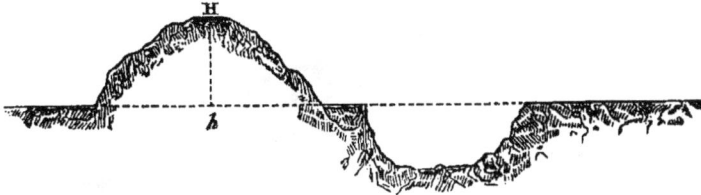

Figure 1.

Cette terre, accumulée et tassée, forme la *masse couvrante* ou le *parapet.* La hauteur du parapet H*h* est de 2 mètres pour couvrir l'infanterie et de 2ᵐ,50 pour couvrir la cavalerie; cette hauteur **ne doit** jamais dépasser 4 mètres.

PROFIL DU RETRANCHEMENT.

La partie la plus élevée du parapet est la *crête* ou *ligne de feu* H (*fig.* 2).

En arrière de la crête, et à 1ᵐ,30 au-dessous d'elle, on établit une *banquette* BC, dont la largeur est de 0ᵐ,80 ou de 1ᵐ,20, selon que les défenseurs doivent combattre sur un ou sur deux rangs.

Le *talus intérieur* HC, qui relie cette banquette à la crête, se construit à la pente de 3/1 ; si la pente était plus douce, les soldats, forcés d'élever d'autant plus leur arme pour viser, seraient plus découverts.

Le *talus de banquette* BA, qui descend au terre-plein de l'ouvrage, est à la pente de 1/2.

Le sommet du parapet est disposé suivant une pente comprise entre 1/4 et 1/6 ; cette pente, dite *plongée des coups*, HD, donne une vue sur le fossé et ses abords.

Epaisseur du parapet. — L'épaisseur du parapet, *h d*, varie suivant la nature des projectiles dont l'ouvrage est menacé.

Une épaisseur de 0ᵐ,50 de terre fraîchement remuée est à l'épreuve de la balle du fusil modèle 1866, tirant à 25 mètres; une épaisseur de 4 mètres résiste aux plus forts calibres de l'artillerie de campagne, même au 6 prussien.

L'épaisseur du parapet variera donc entre 0ᵐ,80 et 4 mètres.

La plongée est reliée au sol par le *talus extérieur* à la pente 1/1 ; cependant cette pente peut changer avec la nature des terres.

BERME. — Pour éviter l'éboulement du parapet, on le sépare du fossé par un espace de 0ᵐ,50 au moins, qui est la berme, EF.

Fossé. — Le fossé a une largeur ordinaire de 4 mètres; sa profondeur varie entre 2 et 4 mètres.

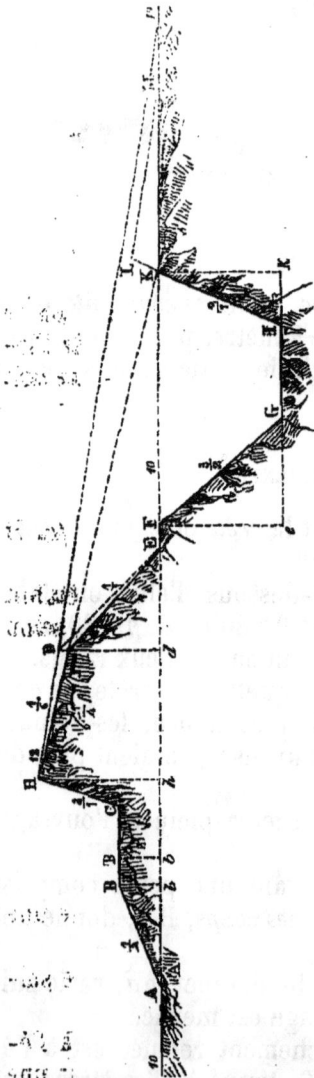

Figure 2.

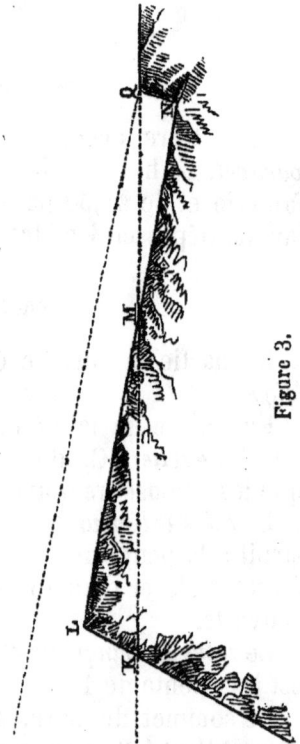

Figure 3.

Le côté le plus rapproché du parapet, l'*escarpe*, FG, est à la pente de 3/2; le côté opposé, la *contrescarpe*, KI, est à 2/1.

GLACIS. — Pour que l'assaillant ne soit pas soustrait aux feux du parapet, à mesure qu'il se rapproche du fossé, on construit, en avant de la contrescarpe, un remblai nommé *glacis*, KLM, qui s'élève jusqu'à 0ᵐ,50 au-dessous du prolongement de la plongée H Q, et parallèlement à ce prolongement (*fig.* 3).

La terre, dont est fait ce glacis, est prise dans le fossé ou dans une excavation creusée en avant de la contrescarpe, et qui est l'*avant-glacis*, NMQ.

On dispose dans cet avant-glacis des *défenses accessoires*.

La figure 2, obtenue par la construction de ces diverses lignes, s'appelle le *profil du retranchement*.

ANGLE MORT. — La seule inspection de ce profil nous montre que l'espace DEFGIKNQ, compris au-dessous du prolongement de la plongée, ne peut pas être atteint par le feu de la défense. Cet espace s'appelle *angle mort* (*fig.* 4).

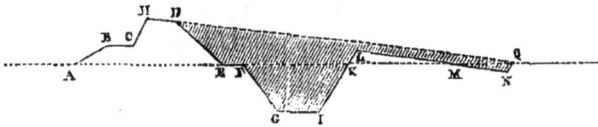

Figure 4.

TRACÉ DU RETRANCHEMENT.

SAILLANTS ET RENTRANTS.—C'est pour éviter les angles morts qu'au lieu de tracer les retranchements en ligne droite, on les dispose suivant des lignes brisées, qui présentent des angles saillants ou rentrants par rapport à l'ennemi.

Soit une ligne MN qu'il faut couvrir par un retranchement (*fig.* 5).

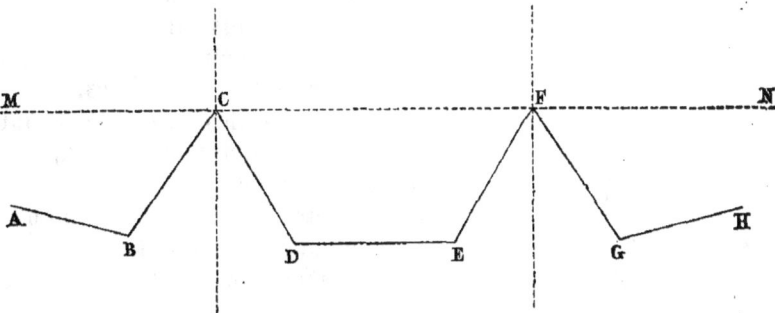

Figure 5.

La ligne brisée ABCDEFGH, tracée en arrière de MN, présente des angles saillants en C et en F, et des angles rentrants en B, D, E, G.

Les côtés BC et CD sont les *faces* du saillant, les lignes A B, G H, sont des *flancs*, la ligne DE est une *courtine*.

L'ouverture des saillants doit être comprise entre 60 et 90°, celle des rentrants entre 100 et 120°.

Si cette ouverture du rentrant était moindre, les défenseurs de la face C B pourraient être atteints par ceux du flanc A B, et réciproquement.

SECTEUR SANS FEUX. — Comme, en fortification, on ne reconnaît pour efficaces que les *feux directs*, on peut admettre que le dernier coup de feu, partant de la face C D, suivra la perpendiculaire R C à cette face, et que le dernier coup de feu de la face B C suivra la perpendiculaire R' C (*fig.* 6).

L'angle R'C R, compris entre ces deux perpendiculaires, ne pouvant pas être battu par les feux de la défense est appelé *secteur sans feux*.

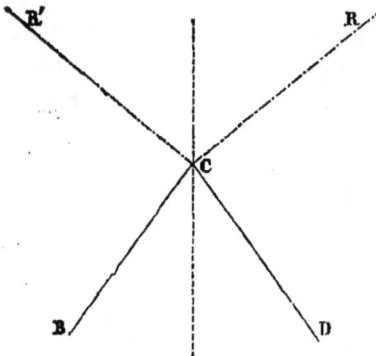

Figure 6.

Quand il entre de l'artillerie dans l'armement d'un ouvrage, c'est au saillant qu'on place, de préférence, la pièce de canon, afin de battre le secteur sans feux.

FLANQUEMENT. — Dans tous les cas, on remédie à l'inconvénient du secteur sans feux par le flanquement, c'est-à-dire par le tracé des lignes A B, D E (*fig.* 7).

La longueur de ces flancs, pour les ouvrages défendus par la mousqueterie, est de 5 à 6 mètres plus grande que la largeur du fossé des faces.

La longueur des faces est déterminée par la condition que les coups flanquants se croisent sur une longueur de 50 mètres en avant du saillant, sur la capitale de ce saillant.

La *capitale* CL est la bissectrice de l'angle saillant prolongée.

D'après les anciens traités, le maximum de longueur des faces était de 160 mètres pour les ouvrages défendus par la mousqueterie. La portée des armes ayant augmenté, et le soldat français pouvant tirer jusqu'à 265 mètres

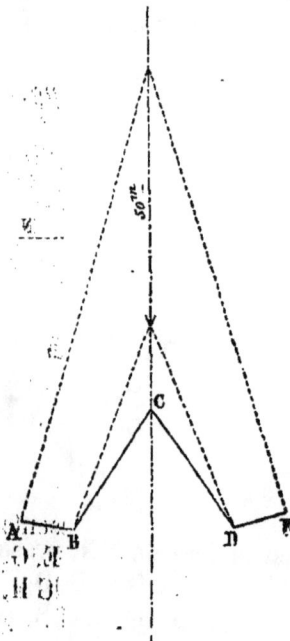

Figure 7.

sans se servir de la hausse, on peut donner à la *ligne de défense*, c'est-à-dire à la distance de l'extrémité A d'un flanc au saillant flanqué C, un maximum de 250 mètres.

CONSTRUCTION DU RETRANCHEMENT.

Dans la construction du retranchement, les terres provenant du déblai doivent suffire pour le remblai, en tenant compte du foisonnement.

RELATION ENTRE LE DÉBLAI ET LE REMBLAI; FOISONNEMENT. — Le foisonnement est l'augmentation de volume que l'on trouve à la terre lorsqu'on la retire du fossé. Cette augmentation est de 1/10 du déblai dans les terres ordinaires, de 1/12 dans les terres légères, et de 1/8 dans les terres fortes, ce qui est le 1/11, le 1/13 ou le 1/9 du remblai.

Pour évaluer le volume du déblai nécessaire au remblai, il suffit de retrancher du remblai la fraction du foisonnement.

Le volume du remblai est égal au produit des surfaces du profil par la longueur de la crête ; il en est de même du volume du déblai.

On peut donc ne pas tenir compte de cette longueur de la crête, et établir la relation, qui existe entre le déblai et le remblai, par la relation de leurs surfaces, ces surfaces étant des trapèzes dont on connaît les dimensions (*fig.* 8).

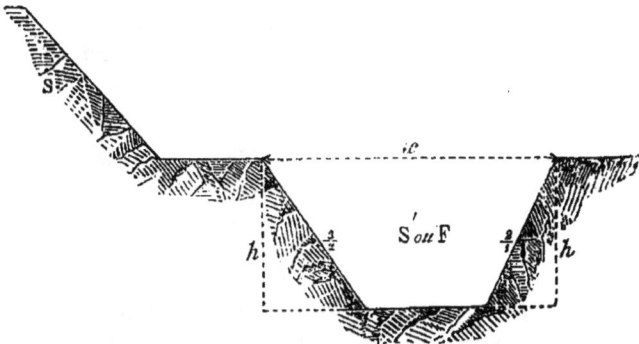

Figure 8.

Soit S, la surface du remblai, F, celle du fossé, $\frac{1}{n}$ le foisonnement, on a la formule :

$$F = S\frac{n}{n+1}$$

CALCUL DU FOSSÉ. — Si, connaissant F et l'une des dimensions (hauteur ou largeur) du fossé, on veut trouver l'autre dimension, on la tirera de la formule suivante :

$$F = x h - \frac{1}{2} h^2 \left(\frac{2}{3} + \frac{1}{2} \right)$$

dans laquelle x est la largeur du fossé, h la profondeur, 3/2 la pente de l'escarpe, 2/1 la pente de la contrescarpe.

Si l'on changeait la pente de l'escarpe ou celle de la contrescarpe, il suffirait de changer, dans les parenthèses, les fractions renversées 2/3 et 1/2.

« On établit par le calcul qu'à un parapet de 2 mètres de hauteur et de 3 mètres d'épaisseur, correspondra un fossé de 4^m,50 de largeur et de 2^m,25 de profondeur.

« En partant de ces chiffres, on a immédiatement les dimensions du fossé d'après la règle suivante :

« 1° Lorsque la hauteur de la crête augmente d'une certaine quantité, la largeur du fossé augmente d'une quantité double.

« 2° Lorsque l'épaisseur du parapet augmente d'un certain nombre, la largeur du fossé augmente des 3/4 de ce nombre.

« La profondeur du fossé sera toujours la moitié de la largeur calculée[1]. »

TRACÉ D'UN REDAN.

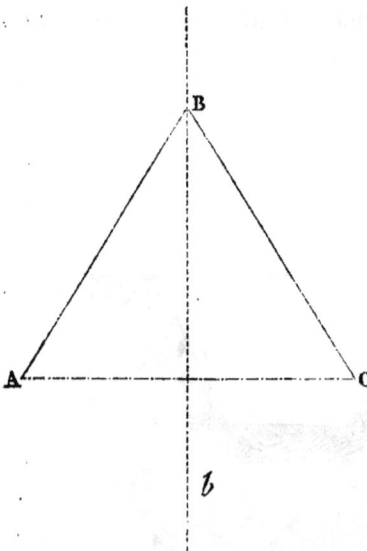

Figure 9.

D'après les principes précédemment exposés, construisons sur le terrain un ouvrage de fortification, un redan, par exemple, qui n'est autre chose qu'un angle saillant, ABC, dont AB et BC sont les faces, AC la *gorge* et Bb la capitale (*fig.* 9).

Nous donnerons à ce retranchement les dimensions du profil décrit plus haut (*fig.* 2).

Voici la série des opérations du tracé (*fig.* 10).

Déterminer l'angle du saillant; marquer, par des piquets, les points A, B, C; joindre ces points par un cordeau; ouvrir à la pioche un sillon qui marquera la projection de la crête intérieure; tracer de

---

[1] MAIRE, capitaine du génie, *Eléments de fortification passagère*. (Paris, Dejey, 1873.)

même la gorge A C ; puis, par un moyen pratique (soit à l'aide de l'équerre d'arpenteur ou de l'équerre à ruban, soit en opérant avec le cordeau comme on opérerait sur le papier), élever une perpendiculaire B M au côté B C, par le point B de la crête ; porter sur cette perpendiculaire les longueurs indiquées au profil de l'ouvrage, et marquer, par un piquet, chacun des points obtenus ; élever de même une perpendiculaire en C et prendre sur C N les mêmes longueurs

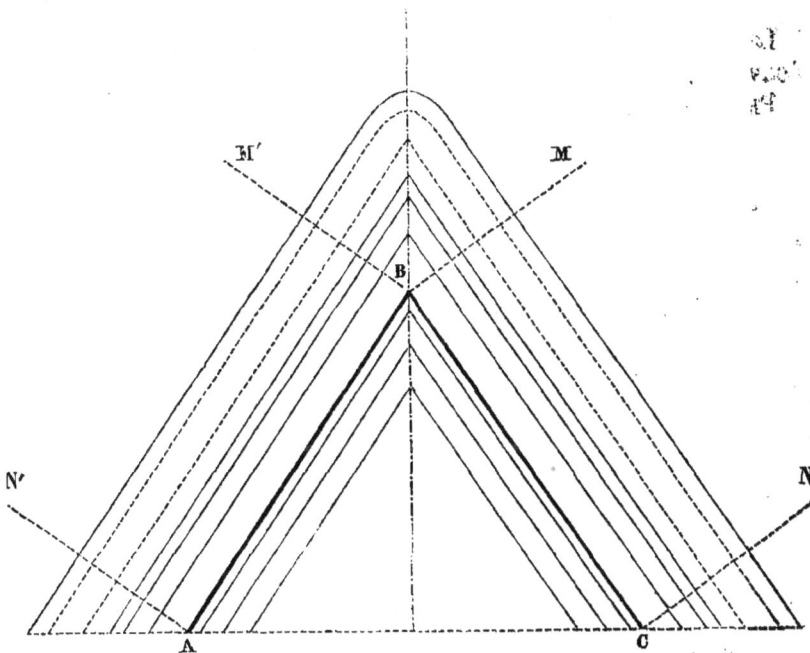

Échelle de 0m,002 pour 1 mètre.

Figure 10.

du profil ; joindre deux à deux les piquets placés sur B M et sur C N, par un sillon tracé à la pioche ;

Répéter sur la face A B les opérations de la face B C, en construisant les perpendiculaires B M' et A N'; prolonger les lignes obtenues, parallèlement à A B et à B C, jusqu'à leur rencontre sur la capitale B b, dont le prolongement s'obtient par recoupement ;

Arrondir la contrescarpe au saillant, à l'aide d'un cordeau de longueur égale à la largeur du fossé ;

Tracer les parallèles intérieures par les mêmes moyens, en les arrêtant au sillon qui indique la gorge A C.

Les seules lignes qu'on détermine d'ordinaire, sont : le pied du talus de banquette, le pied du talus extérieur, le sommet de l'escarpe, le sommet de la contrescarpe.

PROFILEMENT.

Le tracé du redan achevé, on construit, à l'aide de perches et de lattes, des profils droits, de 15 en 15 mètres, afin de représenter matériellement le relief du parapet, et de guider les travailleurs dans l'établissement du remblai.

La construction de ces profils en relief s'appelle le profilement de l'ouvrage.

PROFIL DROIT. — Pour l'opérer, mener au point O, par exemple,

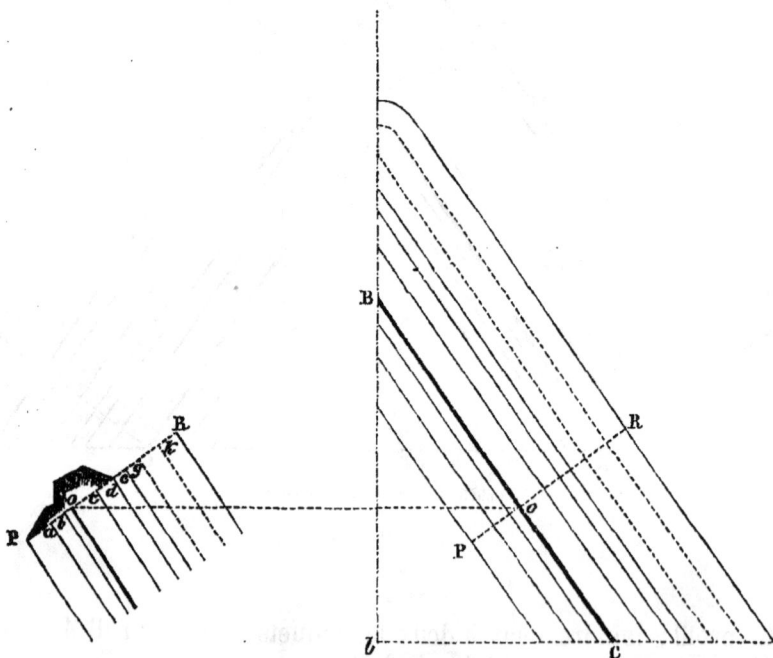

Figure 11.

une perpendiculaire PR à la crête ; marquer chacun des points de jonction de PR avec les différentes parallèles du tracé, soit en plantant des piquets en P, d, e, soit en plantant des perches o c où des lattes a, b. Ces perches et ces lattes doivent être verticales : on s'en assure à l'aide du fil à plomb. Marquer ensuite sur les perches O et C des hauteurs correspondantes aux données du profil ; marquer de

même les lattes, *a* et *b*, qui limitent la banquette; relier les coches
faites ainsi par des lattes transversales, qui donnent la direction du
talus de banquette, de la banquette, du talus intérieur, de la plongée et du talus extérieur.

L'ensemble de ces perches, de ces lattes et de ces piquets s'appelle un profil droit (*fig.* 12).

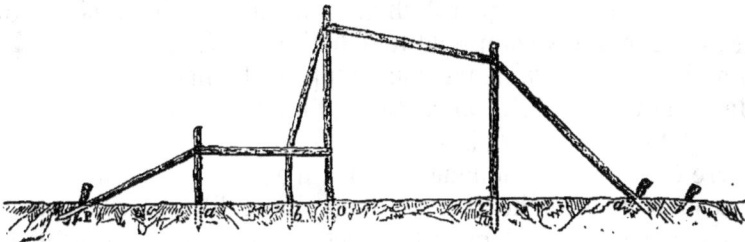

Échelle de 0^m,01 pour 1 mètre.

Figure 12.

PROFIL OBLIQUE. — Des profils obliques sont établis, d'après les
mêmes principes, aux extrémités des faces et aux points de jonction
du tracé. Dans ces profils, les largeurs diffèrent, mais les hauteurs
ne changent pas. Les profils sont ensuite reliés entre eux par des
cordeaux, et l'on a ainsi la *carcasse matérielle du retranchement*,
qu'il suffit de remplir avec la terre retirée du fossé.

DÉBLAI. — Le déblai du fossé doit être commencé du côté de l'escarpe, et se poursuivre vers la contrescarpe (*fig.* 13).

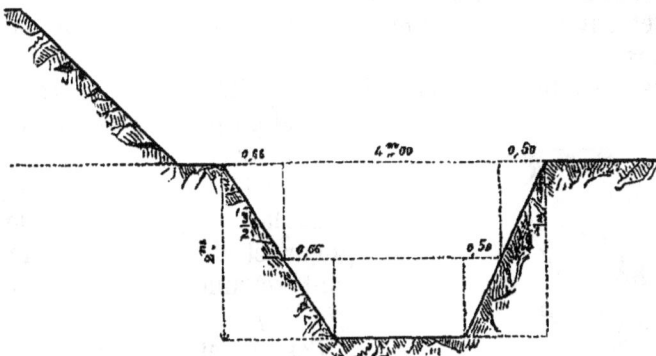

Figure 13.

On l'exécute par couches successives de 1 mètre de profondeur,
en ménageant, du côté de l'escarpe et de la contrescarpe, des re-

traites en gradins, permettant de relayer les terres extraites et de faire l'excavation sans endommager les talus.

La largeur de ces gradins se règle d'après l'inclinaison des talus; elle est d'ordinaire de 0m,66 pour l'escarpe, et de 0m,50 pour la contrescarpe.

ATELIERS. — EMPLOI DES TRAVAILLEURS D'INFANTERIE.

Le pourtour de l'ouvrage est divisé en ateliers de 2 mètres de largeur; chacun d'eux comprend le déblai et le remblai.

Le nombre des travailleurs qui composent chaque atelier dépend de la nature du sol. On admet qu'un pelleteur peut jeter la terre à 1m,60 de hauteur et à 3 mètres en largeur.

La terre est dite à un homme quand il n'est pas nécessaire d'employer la pioche; à un homme et demi, lorsqu'il faut un piocheur pour deux pelleteurs; et à deux hommes, lorsqu'il faut un piocheur pour un pelleteur.

Pendant qu'une partie des travailleurs creuse le fossé, d'autres élèvent le parapet en étendant la terre par couches de 0m,25 d'épaisseur; ces couches, en retrait suivant la pente du profil, sont tassées et damées par *les dameurs* et *les régaleurs*.

REVÊTEMENTS.

Lorsqu'on a le temps de s'occuper du perfectionnement de l'ouvrage construit, on donne un revêtement aux talus les plus roides, notamment au talus intérieur. Les ouvriers employés à ce travail le font concurremment avec les terrassiers.

Ce revêtement se fait en *gazon*, en *fascines*, en *clayonnage*, en *pisé* ou en *gabions*.

Les rectangles de gazon sont disposés alternativement (en boutisse et en panneresse); ils ont de 0m,20 sur 0m,40, avec une épaisseur de 15 centimètres.

Figure 14.

Les fascines, de 2 mètres de longueur et de 0m,22 de diamètre, sont retenues par des piquets (*fig.* 14).

Ces piquets, de 2 en 2 mètres, sont reliés par des liens d'osier flexibles appelés *harts*, à des pieux enfoncés dans l'intérieur même du parapet.

Pour le clayonnage, on se sert aussi de piquets autour desquels s'enlacent des branches flexibles ; les piquets sont disposés à 0^m,30 les uns des autres.

Le pisé est de la terre délayée et pilée entre le talus et une série de piquets espacés de 0^m,10.

Les gabions sont faits au moyen d'un clayonnage circulaire, autour de 8 ou 9 piquets d'un mètre de long. Les gabions ont un diamètre intérieur de 0^m,50 ; on les couvre de un ou plusieurs rangs de fascines.

Figure 15.

RETRANCHEMENTS EXPÉDITIFS.

Une instruction ministérielle du 10 août 1865 prescrit, dans les camps annuels et dans les écoles régimentaires du génie, l'usage d'un retranchement dit *expéditif*.

Il consiste en un bourrelet de terre de 1 mètre de hauteur, ayant 1 mètre de largeur au sommet et 3 mètres à la base.

Pour le construire, après l'avoir tracé et profilé, on prend la terre des deux côtés, dans des tranchées de 0^m,50 de profondeur et de 2 mètres de largeur moyenne (*fig.* 16).

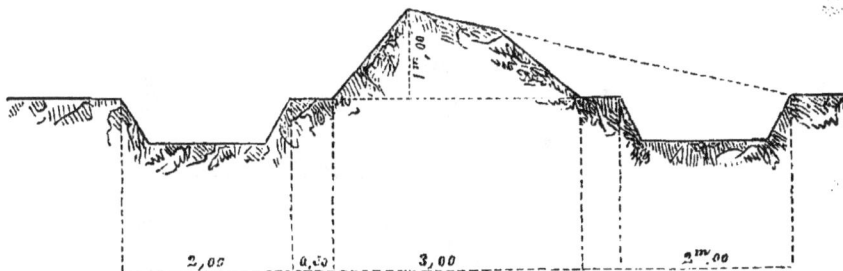

Échelle de 0^m,01 pour 1 mètre.

Figure 16.

Trois quarts d'heure suffisent à des travailleurs exercés pour terminer ce retranchement, qui est entièrement à l'épreuve des balles et de la mitraille, et qui forme un obstacle sérieux contre la cavalerie.

Le retranchement à méthode rapide du génie a 4 mètres d'épaisseur, un fossé large de 4 mètres, profond de 2 ; la terre du parapet est prise dans ce fossé et dans une tranchée intérieure de 5 mètres de large et de 0^m,80 de profondeur ; les ateliers sont resserrés à un mètre, et le travail est achevé en six heures, en employant 5 hommes par mètre courant (*fig.* 17).

RELIEF ET COMMANDEMENT. — On appelle *relief* l'élévation du retranchement au-dessus du fond du fossé.

Le commandement d'un point sur un autre est la différence de cote de ces deux points.

III. — Principaux ouvrages de campagne.

Les principaux ouvrages employés en campagne sont : 1° la *coupure*, retranchement en ligne droite appuyé à deux obstacles naturels; dans les villages, la *barricade* est une coupure construite avec les éléments les plus divers (pavés, caisses ou sacs remplis de terre, voitures, etc.,) (*fig.* 18).

Échelle de 0m,005 pour 1 mètre.

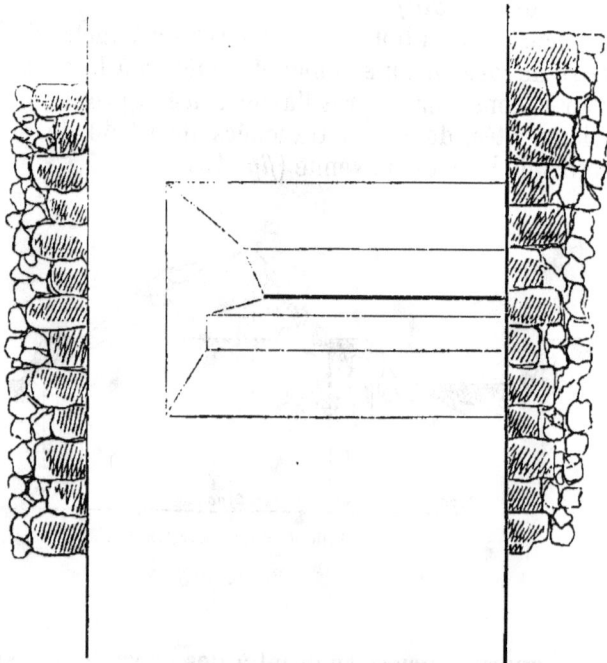

Figure 17.

Echelle de 0m,001 pour 2 mètres.

Figure 18.

La meilleure disposition à employer pour couper une rue, une route, un défilé est la *double barricade*, formée de deux coupures parallèles, qui ne s'appuient chacune que d'un côté à l'obstacle latéral.

Les passages ménagés doivent être assez larges pour permettre des communications faciles.

Le profil de ces coupures est le profil droit ordinaire.

Une barricade ne peut être efficacement défendue que si elle est flanquée par le feu des maisons voisines, qu'on doit retrancher solidement (*fig.* 19).

Figure 19.

OUVRAGES OUVERTS A LA GORGE.

REDAN. — Le redan est l'ouvrage que nous avons tracé et construit déjà. C'est un angle saillant de 60 à 120 degrés d'ouverture, dont les faces ont de 15 à 50 mètres (*fig.* 20).

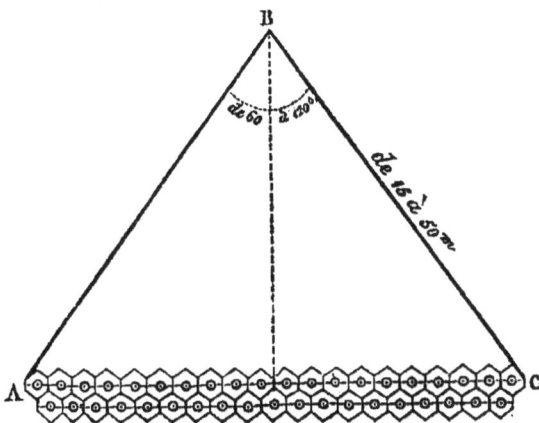

Figure 20.

L'espace AC, appelé gorge, est laissé ouvert, ou bien il est défendu par des défenses accessoires, par des *trous de loup*, par exemple.

FLÈCHE. — Le redan prend le nom de *flèche* lorsque ses faces ont moins de 20 mètres.

On fait souvent au saillant B un pan coupé de 3 mètres, perpendiculaire à la capitale B *b*, afin de battre un peu le secteur sans feux RBR' (*fig.* 21).

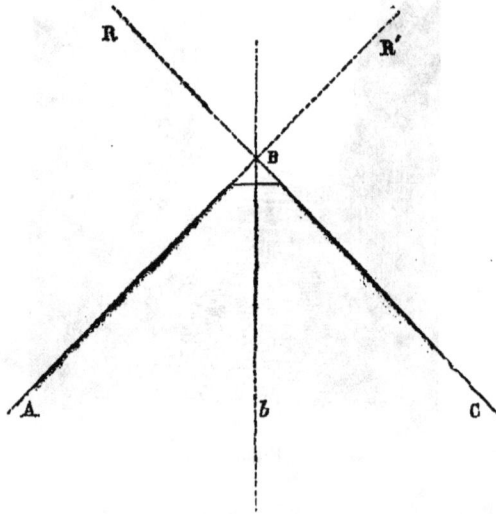

Figure 21.

Lorsqu'il s'agit de construire un redan de grande dimension, on peut obtenir un certain flanquement en traçant le double redan, ou *redan à flancs*, dont les faces sont coupées par des flancs de 10 à 15 mètres, qui font, avec les faces, des angles de 120° [1] (*fig.* 22).

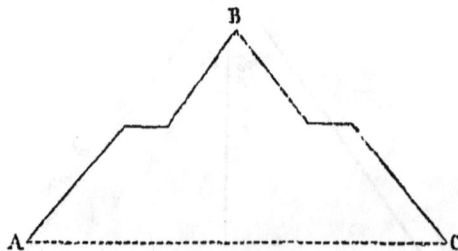

Figure 22.

[1] MAIRE, capitaine du génie, *Eléments de fortification passagère.* (Paris, Dejey, 1873.)

Ce tracé fait disparaître le secteur sans feux, et rend l'enfilade des faces moins facile, tout en augmentant l'espace intérieur de l'ouvrage qu'on nomme *terre-plein*.

LUNETTE. — La lunette est un redan dont on a replié les faces, de manière à former des flancs de 20 mètres au moins (B G, C D) (*fig.* 23).

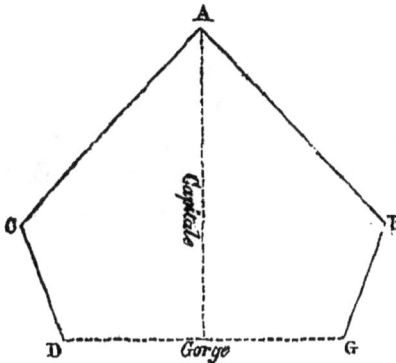

Figure 23.

Le redan, la flèche et la lunette sont des ouvrages exposés aux *coups de revers*, et qu'il ne faut pas employer isolément.

Ils servent d'ordinaire à couvrir l'entrée d'un village ou l'accès d'un pont, mais alors on les flanque par des batteries (B B') dont les feux viennent se croiser en avant du saillant (*fig.* 24).

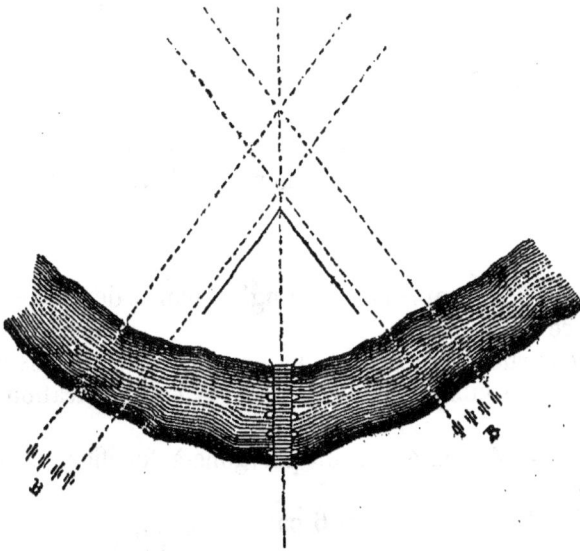

Figure 24.

Tenaille. — La tenaille est un angle rentrant par rapport à l'ennemi ; elle est employée dans les mêmes conditions que la coupure
(*fig. 25*).

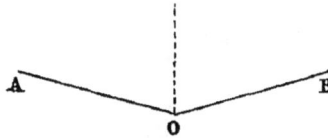

Figure 25.

Queue d'aronde. — Si, à défaut d'obstacles naturels, on couvre
les faces de la tenaille par des ailes A D, B E, on forme la queue
d'aronde (*fig. 26*), ou le bonnet de prêtre (*fig. 27*), suivant l'espacement de ces ailes.

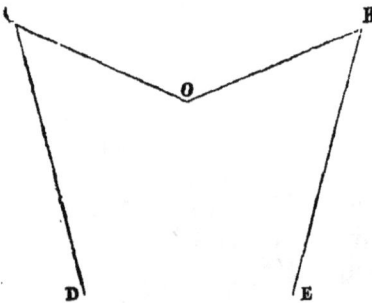

Figure 26.

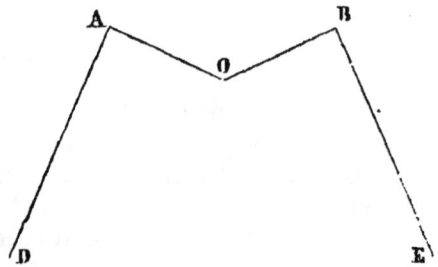

Figure 27.

Les faces AO, OB ont de 20 à 50 mètres ; les ailes peuvent atteindre jusqu'à 100 mètres. L'espace DE est la gorge.

Le principal inconvénient de ces ouvrages est leur grande profondeur, qui les expose aux coups de revers de l'artillerie ennemie.

TRACÉ BASTIONNÉ.

On parvient à supprimer les angles morts des angles rentrants
par le tracé bastionné.

Cette construction ne s'applique pas au triangle, mais au carré et
au pentagone, seuls polygones employés en fortification passagère
(*fig. 28*).

Soit A A' le côté extérieur du polygone à fortifier, variant de 150
à 250 mètres.

On divise A, A' en 8, 7, ou 6 parties égales, selon qu'il s'agit du
carré, du pentagone ou d'un polygone de plus de 5 côtés.

Sur le milieu P de A A' on élève une perpendiculaire, sur laquelle est prise une longueur P H égale à une division de A A′; on joint A H, A′H.

Sur ces directions, on porte des longueurs A B, A′B′ égales à deux des divisions de A A′.

On abaisse des points B et B′ des perpendiculaires sur les directions opposées A′B′ et A B; on joint C C′, points d'intersection de ces perpendiculaires.

La figure A B C C′B′A′ est un front bastionné.

P H est la capitale du front; A B, A′B′ sont les faces; B C, B′C′, les flancs, variant de 18 à 25 mètres; C C′ la courtine, maximum 48 mètres.

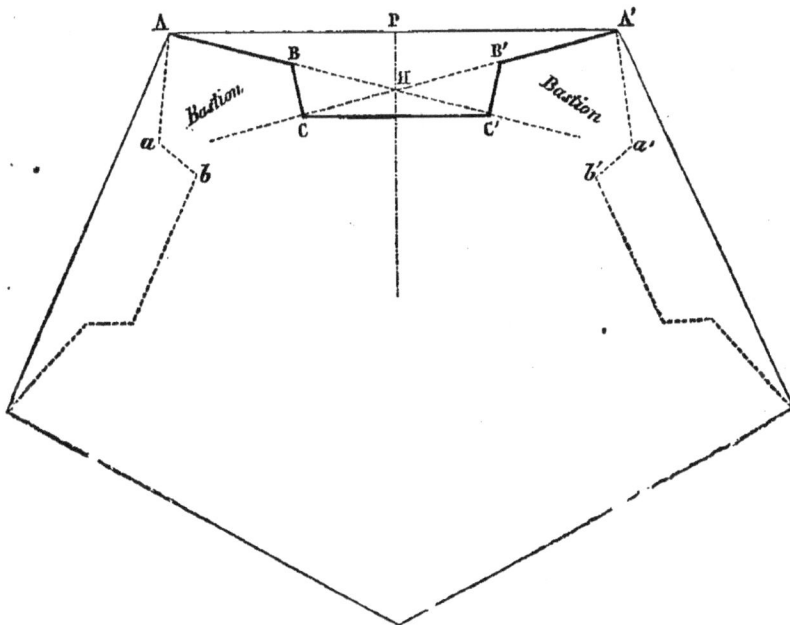

Figure 28.

La distance C A′ ou C′A s'appelle *ligne de defense*, maximum 150 mètres.

Les angles en B et B′ sont des angles d'épaule, les angles en A A′ sont les saillants des bastions, dont A B C et A′B′C′ forment la moitié.

OUVRAGES A CORNES. — Lorsqu'on ne peut pas appuyer les faces du front bastionné à des obstacles naturels, on trace des ailes A M, A′M′, semblables à celles de la queue d'aronde ou du bonnet de prêtre; l'ouvrage prend alors le nom d'*ouvrage à cornes* (*fig.* 29).

Si, entre ces ailes latérales, on trace deux fronts bastionnés jointifs, on obtient l'*ouvrage à couronne* (*fig*. 30).

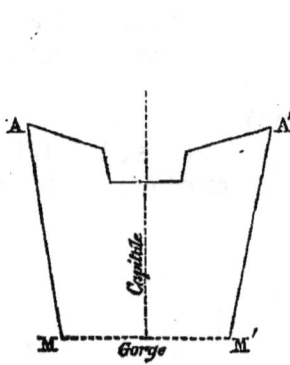
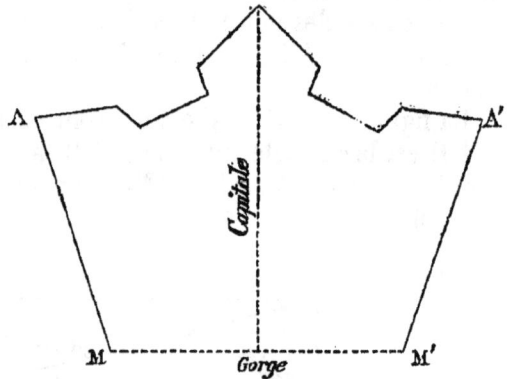

Figure 29.   Figure 30.

OUVRAGES FERMÉS.

REDOUTE. — La redoute est un ouvrage fermé dont les crêtes ne
présentent aucun angle rentrant. On lui donne généralement la forme
d'un losange dont les angles ont au moins 60° (*fig*. 31).

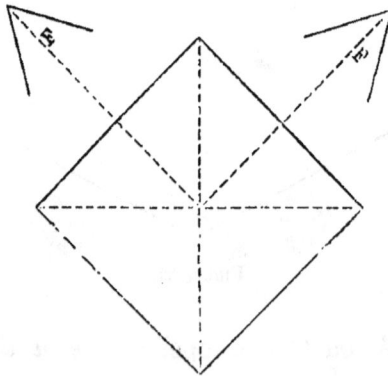

Figure 31.

Les faces de la redoute sont tracées de manière à battre le mieux
qu'il est possible les points importants du terrain ; on leur donne
une longueur proportionnée à l'importance de la redoute.

L'emploi des flèches F (*fig*. 31) placées perpendiculairement aux
capitales, diminue les secteurs privés de feux des saillants, mais on
masque ainsi une partie des feux de face.

ARTILLERIE DANS LES REDOUTES. — L'importance de la redoute y fait placer souvent de l'artillerie.

Elle s'emploie par *embrasure*, ou à *barbette*.

L'embrasure, pratiquée dans l'épaisseur du parapet, est droite ou oblique, selon que son axe est perpendiculaire ou oblique à la direction de la crête.

La plate-forme, construite à 2m,30 au-dessous de la crête, a 5 mètres de largeur sur 7 de longueur (*fig. 32*).

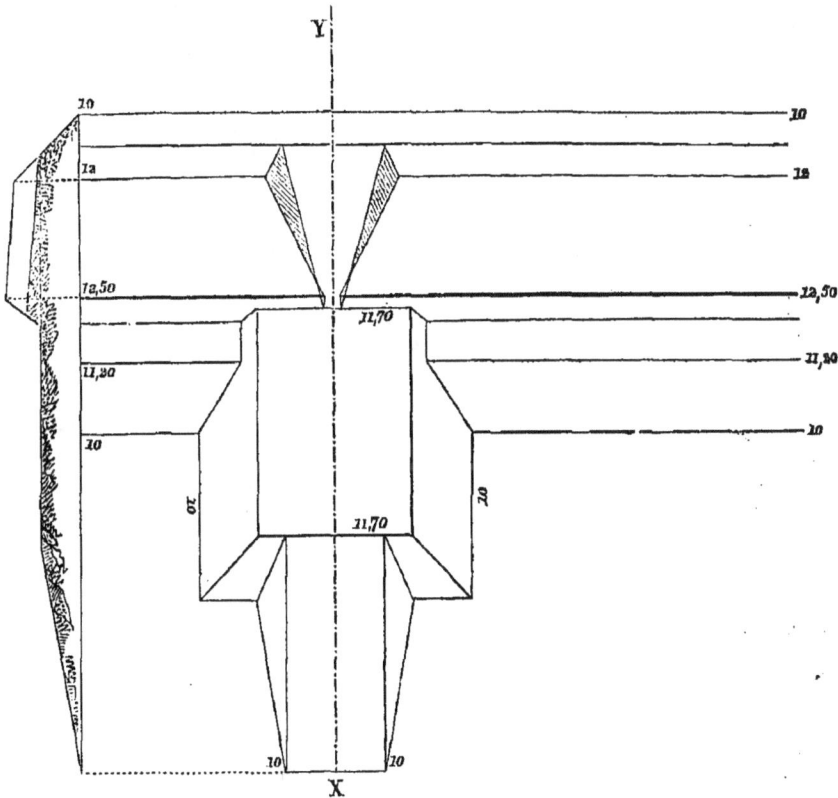

Figure 32.

La hauteur de genouillère (distance de la plate-forme à la base de l'embrasure) est de 0m,80.

L'embrasure a 0m,50 d'ouverture intérieure ; l'inclinaison de sa plongée varie entre 1/6 et 1/20, selon les points à battre.

Les joues (plans latéraux de l'embrasure) sont inclinées à 3/1 ; elles sont revêtues d'ordinaire avec des gabions.

La pièce à embrasure prend 5 mètres de crête et 60 mètres de surface, dont 20 pour les terrassements et 40 pour le personnel et le matériel.

Les pièces tirant à barbette se placent d'ordinaire aux saillants ; leur tir s'exécutant par-dessus la crête a le champ plus étendu (*fig.* 33).

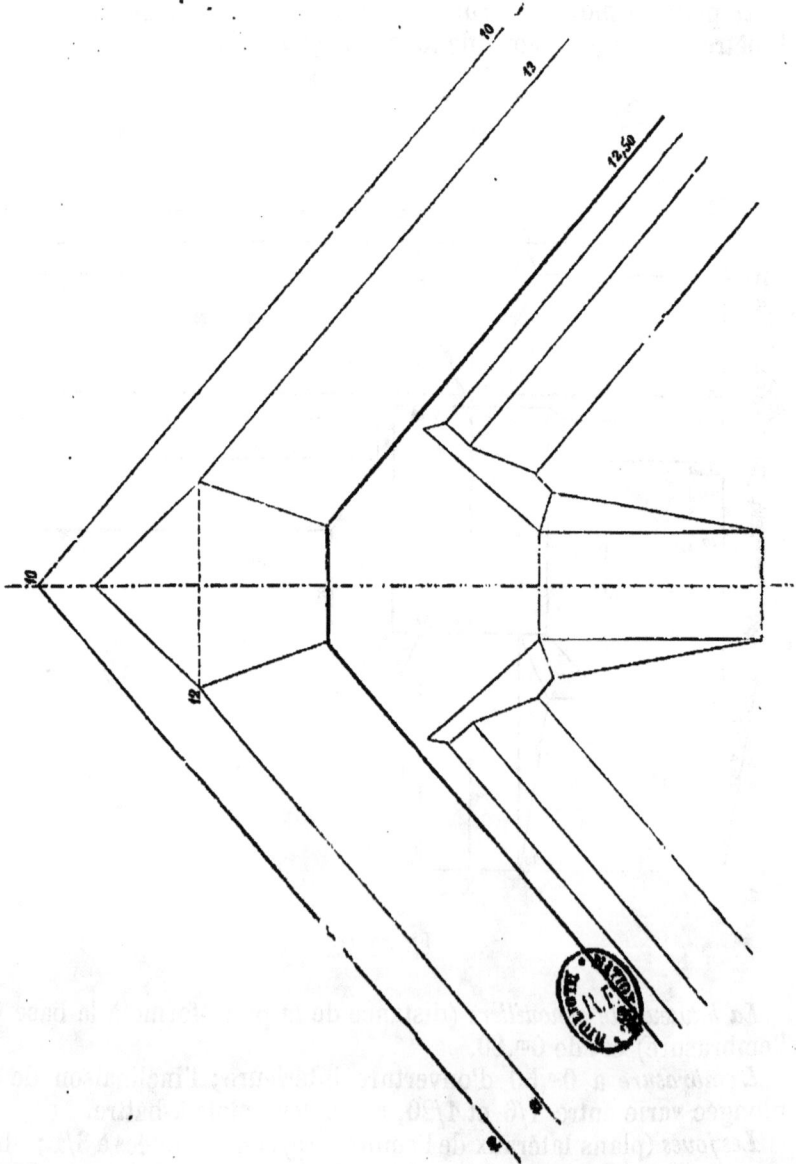

Figure 33.

On coupe le saillant par une section de 3ᵐ,30 ; on donne à la plate-forme une profondeur de 7 mètres pour le recul ; on la limite par une section de 3 mètres, en lui ménageant 1ᵐ,70 de hauteur au-dessus du sol, et en la raccordant au sol par des talus à 45° (1/1).

Il faut 13 mètres de crête pour une pièce à barbette ; s'il y en avait 2 juxtaposées, on ne prendrait que 11 mètres pour la première·. et 5 mètres pour la deuxième, en tout 16 mètres, et le talus de la plate-forme longerait le pied de la banquette.

La redoute est, par excellence, l'ouvrage fermé employé sur le champ de bataille ; elle a figuré dans les plus célèbres actions de guerre, soit pour défendre une clef de position (redoute de Santon à Austerlitz), soit pour former le réduit d'un ouvrage important.

Les barbettes demandant beaucoup de temps et de travail ne doivent être établies qu'en dernier lieu, lorsque l'ouvrage est à peu près achevé.

Il est essentiel de donner le plus tôt possible, aux faces de la redoute que l'on construit, le minimum de son relief, pour qu'elle puisse de suite résister à une attaque imprévue ; on achève la construction et on perfectionne les détails, quand l'ennemi en laisse le temps.

Garnisons. — La garnison d'un ouvrage de campagne (redan, lunette, redoute, etc.) est calculée à raison de 2 hommes par mètre de crête, déduction faite des crêtes occupées par l'artillerie, en conservant une réserve qui varie entre 1/3 et 1/5 de la garnison totale.

Pour éviter l'encombrement, on réserve sur le terre-plein un mètre carré et demi pour chaque homme de la garnison.

IV. — Défilement.

Lorsque, dans la construction d'un ouvrage sur le terrain, on s'aperçoit qu'il se trouve, à bonne portée, des hauteurs d'où l'ennemi pourrait atteindre les défenseurs dans l'intérieur du retranchement, la première opération à faire est de soustraire l'ouvrage aux feux plongeants, c'est-à-dire de le défiler.

Il y a cinq modes de défilement :

1° Par *exhaussement du relief* (sans dépasser jamais 4 mètres de hauteur) ;

2° Par *abaissement du terre-plein* ;

3° Par la combinaison des deux premières méthodes ;

4° Au moyen de *traverses* placées à l'intérieur de l'ouvrage ; .

5° Par les *modifications apportées au tracé*.

La dernière méthode est la plus rationnelle ; il faut éviter de construire un retranchement dans une position commandée par une

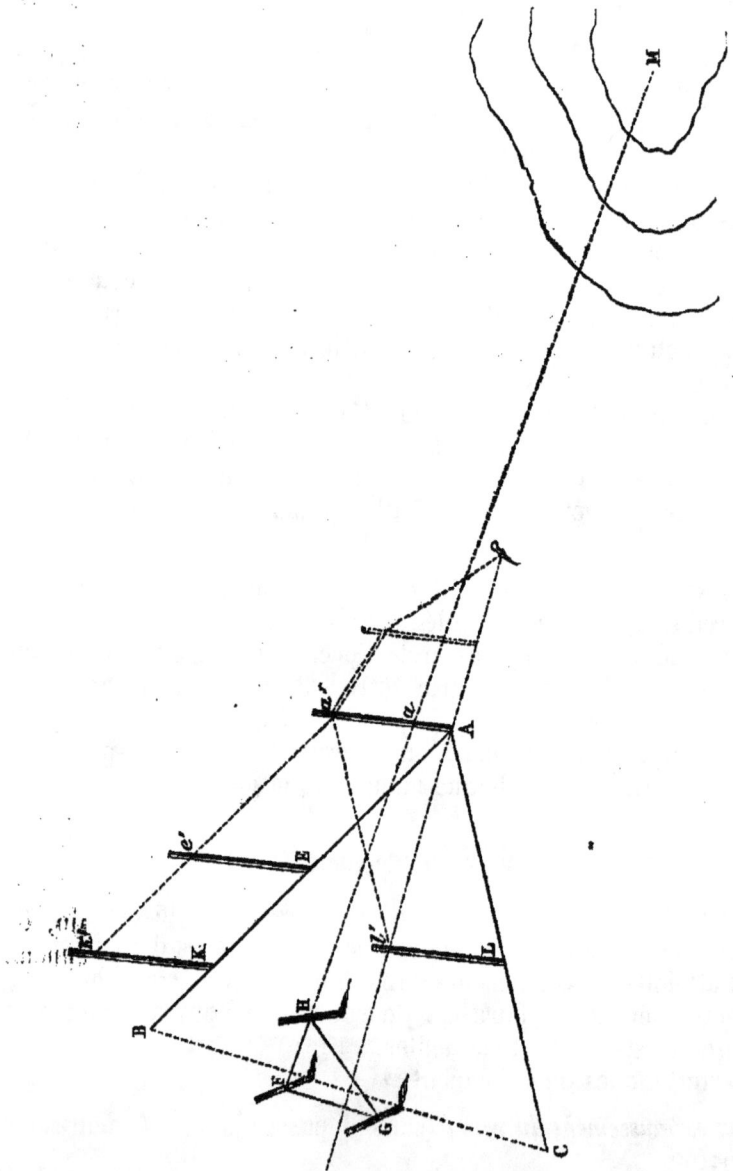

Figure 34.

ou plusieurs hauteurs voisines ; cependant, si l'on est forcé de tracer l'ouvrage dans ces conditions, il est utile de savoir par quel procédé on donne, dans chaque profil, la hauteur de crête nécessaire, pour que les défenseurs des faces opposées, ou du terre-plein, soient à l'abri des feux directs.

On détermine à cet effet *le plan de défilement*, qui, élevé de 1ᵐ,50 au-dessus du terrain dangereux, passe à 2 mètres au moins au-dessus du terre-plein.

Le moyen pratique consiste à planter sur la gorge du redan A B C deux jalons F, G, sur lesquels on prend une hauteur de 0ᵐ,50, dite *hauteur de charnière;* on plante un troisième jalon H, dans la direction du saillant A, à 1ᵐ,50 des deux premiers (*fig.* 34).

On fait passer une corde par les points F et G, à 0ᵐ,50 du sol, en enroulant cette corde autour du troisième jalon, à une hauteur H, telle que le rayon visuel, tangent au plan déterminé par le triangle de corde, rencontre le point dangereux le plus élevé, M.

Ce plan est dit *plan de site.*

On vise l'intersection du plan de site avec le piquet A, sur lequel on doit prendre la hauteur de crête du profil élevé en A; il suffira de relever cette intersection (a) de 1ᵐ,50, pour avoir la hauteur de la crête défilée, a'.

On opérerait de la même manière pour les profils jalonnés en E, K, L, etc., et le profilement, fait d'après la hauteur de crête ainsi déterminée e' k' l', assurerait le défilement de l'ouvrage.

Les Allemands ont le même procédé pratique, mais ils ne prennent que 30 centimètres de hauteur de charnière, et ils relèvent le plan de site de 1ᵐ,60.

TRAVERSES. — Le tir plongeant rend cette méthode à peu près illusoire, puisqu'un défenseur, debout au pied du talus de banquette d'un parapet de 2ᵐ,50, peut être atteint par un projectile qui raserait la crête normalement, sous une inclinaison supérieure à celle de la plongée.

Les coups d'écharpe et d'enfilade ne pourront être évités que si l'on construit sur le terre-plein des traverses ou des abris couverts.

Ces masses de terre, encombrant l'intérieur de l'ouvrage, gênent les mouvements des hommes et du matériel; et si elles peuvent servir de lignes de défense successives, elles abritent, à son tour, l'assaillant, lorsqu'il fait irruption dans l'ouvrage, contre l'artillerie des retranchements voisins et contre l'attaque des réserves.

Malakoff en est un exemple glorieux pour nos armes. La colonne Mac-Mahon n'enleva le parapet de la gorge et les traverses qu'après un combat acharné, mais elle en fut protégée contre le feu des batteries en arrière, et elle put se maintenir dans la redoute conquise, malgré tous les efforts des Russes.

Les autres ouvrages, où les couverts étaient insuffisants, furent plus facilement enlevés, mais il fallut les évacuer.

En résumé, il faut choisir soigneusement la position de l'ouvrage, approprier son tracé au terrain, en employant, autant que possible, la ligne droite, qui a l'avantage de la simplicité, d'une exécution plus rapide, et d'une défense assurée par les feux directs, dont on augmente l'efficacité à l'aide des *défenses accessoires;*

Employer modérément les traverses, qui, en resserrant l'espace réservé aux défenseurs, forment autant de puits d'éclatement pour les projectiles;

Établir le terre-plein en pente, pour parer aux effets du tir plongeant;

Enfin, construire des abris blindés pour la garnison et ses munitions, dans l'épaisseur même du parapet.

ABRIS BLINDÉS. — « Le *bois* comme soutien, comme ossature et coffrage, la terre comme revêtement épais du côté battu, tel est le mode de construction qui convient le mieux à toute fortification passagère, depuis que l'artillerie est appelée à jouer le premier rôle à la guerre. Le bois est le meilleur des matériaux et le plus facilement réparable; par son assiette, son élasticité, sa légèreté avec une résistance considérable, il se prête merveilleusement à l'exécution rapide des abris blindés.

« Des essais ont été faits pour mettre en œuvre le moellon et le fer, mais ils présentent de graves inconvénients.

« Des murs élevés en moellons n'offrent pas une cohésion suffisante pour résister à l'ébranlement qu'un projectile occasionne à un plancher composé de traverses de fer, à des *rails*, par exemple; ou si le plancher résiste, il produit, par suite de sa rigidité et de son manque d'élasticité, une violente secousse sur les têtes des murs et les écrase, les disloque, ou il s'effondre.

« Les rails ne présentent pas une assiette suffisante à leur portée et font, sur ces murs, l'effet de lames de couteau fortement appuyées sur des corps peu résistants[1]. »

Les Prussiens ont employé le bois en grande quantité dans leurs travaux de siége, et ils s'en sont bien trouvés.

Ces abris sont du ressort des officiers du génie; il est indispensable cependant de se rendre bien compte de leur importance, et de prévoir les cas fréquents où l'infanterie ne doit compter que sur ses propres connaissances et sur ses moyens d'action.

Après avoir passé en revue ces principes élémentaires, que nous avons simplifiés autant que possible, pour ne pas sortir du rôle

---

[1] VIOLLET-LE-DUC, *Mémoire sur la défense de Paris.* — Paris, Morel, 1871.

réservé à l'infanterie en matière de fortification, nous rappellerons,
d'après l'archiduc Charles, que « l'action des retranchements est
« morale autant que physique; mais, comme tout instrument, ils
« perdent leur mérite lorsqu'on en fait un mauvais usage, c'est-à-
« dire lorsqu'on les construit sans but, sans intelligence, et qu'on
« les défend sans bravoure. »

DEUXIÈME CONFÉRENCE.

SOMMAIRE.

I. — Lignes.

EMPLOI DES LIGNES. — On appelle lignes une suite d'obstacles destinés à fortifier les positions d'une armée.

Les lignes sont *continues*, lorsque les obstacles qui les forment ne présentent d'autres interruptions que les passages nécessaires pour le mouvement des troupes et de leur matériel.

Les lignes sont *à intervalles*, quand de grands espaces, ménagés entre leurs éléments, se prêtent aux évolutions de la tactique; les éléments de ces lignes doivent se donner un mutuel appui.

Les lignes *à ouvrages détachés* couvrent une vaste étendue de pays (frontière ou conquête récente) à l'aide de retranchements fermés, qui peuvent se suffire à eux-mêmes.

« Les lignes de la fortification ont une grande analogie avec la
« disposition des troupes sur le champ de bataille; la connaissance
« des unes aide puissamment à la connaissance des autres, et
« explique nettement les mouvements et les positions prises[1]. »

---

[1] De Brack.

Les lignes ne sont jamais simples ; elles peuvent être triples et quadruples même, selon leur but et le temps dont on dispose pour les construire.

La *première ligne,* s'il s'agit de prendre l'offensive, abrite les troupes jusqu'au moment favorable de l'attaque ; elle les recueille après un échec, arrête l'ennemi, et marque la limite de la retraite. Derrière ses épaulements, les colonnes refoulées reprennent haleine, l'ordre se rétablit, les chefs peuvent saisir le moment favorable pour un retour offensif, ou tout au moins retrouver la liaison tactique entre les différents corps.

La *deuxième ligne,* tracée sur un terrain plus élevé, doit commander la première et plonger sur ses ouvrages. Ceux-ci sont généralement ouverts à la gorge, afin qu'on puisse empêcher l'ennemi de s'y maintenir, s'il les avait momentanément conquis.

POINTS D'APPUI. — Les lignes suivantes, s'il y en a, doivent remplir les mêmes conditions de commandement et de protection ; les unes et les autres appuient leurs ailes et leur centre à des points d'appui, *clefs de position,* c'est-à-dire à des redoutes fortement retranchées, défendues par des troupes d'élite, et soutenues par des réserves, intérieures ou extérieures, qui prendraient de flanc les colonnes ennemies essayant de les tourner.

Dans la défensive, des lignes savamment tracées compensent l'infériorité du nombre, changent les conditions de la bataille imposée par l'ennemi, font échouer ses efforts et peuvent lui arracher la victoire.

Le prince Eugène, assiégeant Belgrade, en 1717, porta sa ligne de circonvallation en arrière de la crête du plateau qu'il occupait avec moins de 30,000 hommes. Une nombreuse armée de secours essaya en vain de lui faire lever le siège ; 20,000 Turcs s'entassèrent dans le ravin, gravirent l'escarpement et trouvèrent, devant les lignes retranchées, un espace trop étroit pour se déployer ; le prince Eugène profita de leur désordre et infligea aux Turcs un sanglant échec.

ZONE DE DÉFENSE. — Le terrain battu par le feu des retranchements en avant de la *ligne de front,* s'appelle zone de défense. Cette zone, limitée d'après les anciens principes à 240 mètres, s'est élargie avec la portée toujours croissante des armes à feu ; elle ne devra cependant pas dépasser 400 mètres, pour les ouvrages défendus par la mousqueterie.

LIGNES CONTINUES.

Les lignes continues s'emploient pour occuper un front de peu d'étendue, pour couvrir une armée démoralisée ou inférieure en

nombre, pour défendre un corps de siége contre les sorties des as-
siégés (*lignes de contrevallation*) ou les tentatives d'une armée de
secours (*lignes de circonvallation*).

Les terrains unis, grands plateaux ou larges vallées, sont les
plus favorables à l'établissement des lignes continues régulières,
qui sont : 1° à redans, 2° à redans et courtines, 3° à crémaillères,
4° bastionnées.

1° LIGNES A REDANS. — Les lignes à redans sont composées d'angles alternativement saillants et rentrants, ouverts de 120°.

La capitale intérieure a 70 mètres; l'espacement des saillants est
de 200 mètres.

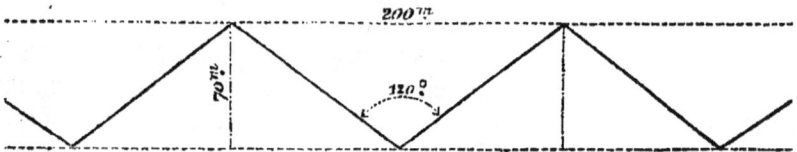

Figure 35.

Cette disposition a l'inconvénient de ne pas diriger de feux directs
sur l'ennemi. La ligne de feu est plus étendue que la ligne de front,
et *chaque angle rentrant est un angle mort*.

2° LIGNES A REDANS ET COURTINES. — Les lignes à redans et cour-

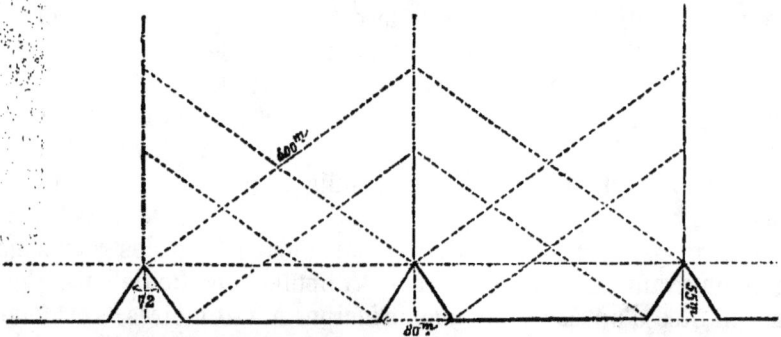

Échelle de 0ᵐ,001 pour 10 mètres.

Figure 36.

tines, inventées par Vauban, se composent de redans reliés par des
retranchements en ligne droite.

Le maximum d'espacement des saillants est donné par cette condition, que le coup de feu, partant d'un saillant, rencontre la capi-

tale des deux saillants voisins à une distance égale à la portée efficace de la mousqueterie; cette limite, de 240 mètres jusqu'à présent,
peut être fixée désormais à 400 mètres. Dimensions des redans :
55 mètres de capitale, 80 mètres de gorge, 72 degrés d'ouverture.

Le minimum d'espacement des saillants est déterminé par la
condition que le coup de feu, parti d'un rentrant, rencontre à
bonne portée l'extrémité du saillant voisin.

3° LIGNES A CRÉMAILLÈRES. — Les lignes à crémaillères, formées
d'angles droits à côtés inégaux, dont le plus grand est la *face* AB et
le plus court le *flanc* BC, servent à fortifier les pentes des coteaux.

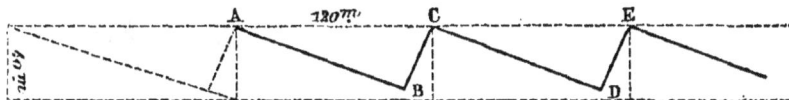

Figure 37.

Pour les tracer, on mène, à 40 mètres en arrière de la ligne de
défense, une parallèle à cette ligne; on divise l'intervalle en rectangles de 120 mètres de largeur; on mène les diagonales de ces rectangles; de l'extrémité de chaque diagonale, on abaisse une perpendiculaire sur la suivante; la figure A,B,C,D,E est une partie de
la ligne à crémaillères.

La ligne est *divergente* lorsque ses feux se dirigent, à droite et à
gauche, perpendiculairement aux faces d'un saillant formé par
la rencontre de deux diagonales sur la ligne de défense (*fig.* 38).

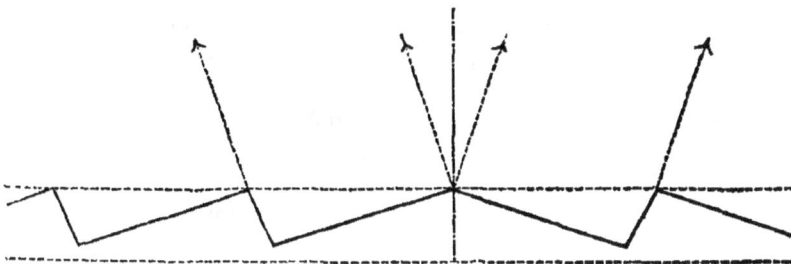

Figure 38.

Lorsque l'angle formé par la rencontre de deux diagonales est
rentrant, la ligne est *convergente* (*fig.* 39).

Les lignes à crémaillères divergentes ou convergentes sont

exposées au *tir à ricochet ;* une batterie bien placée peut envoyer des projectiles sur plusieurs faces parallèles. Le fossé de leurs

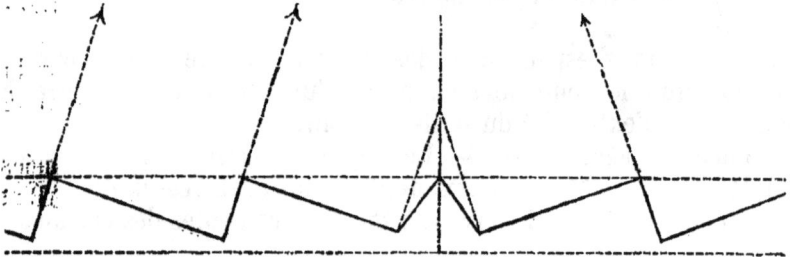

Figure 39.

flancs est en angle mort, si bien que l'assaillant, parvenu dans ce fossé, n'aurait plus rien à redouter des défenseurs des faces.

Les faces doivent être tracées suivant les lignes de plus longue pente, les flancs suivant celles de plus grande pente (*fig.* 41).

4° LIGNES BASTIONNÉES. — Les lignes bastionnées, formées de fronts bastionnés juxtaposés, sont employées rarement à cause des difficultés d'exécution. Les secteurs sans feux sont mal battus par les flancs.

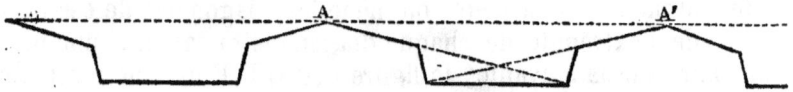

Échelle de 0ᵐ,001 pour 5 mètres.
Figure 40.

On a admis, jusqu'à présent, que la longueur du côté extérieur AA' était comprise entre 200 mètres et 300 mètres.

Les lignes continues, employées à couvrir une armée, sont la combinaison des quatre espèces des tracés que nous venons de décrire. La topographie du pays doit servir de guide pour leur construction.

Dans un terrain légèrement accidenté, on établira des crémaillères sur les pentes, des fronts bastionnés sur les hauteurs, et, au fond de la vallée, des lignes à redans et courtines.

Les lignes de la vallée seront placées un peu en arrière des lignes de front des coteaux voisins, afin de les soustraire aux vues des colonnes ennemies engagées sur les pentes (*fig.* 41).

La principale objection contre l'emploi des lignes continues, c'est qu'une fois percées en un point, elles tombent tout entières. Cependant, si la ligne est bien défendue, l'ennemi ne peut y pénétrer que par d'étroites têtes de colonne, qui, dans la confusion de l'attaque, se trouveront prises de flanc par des réserves bien placées, dont l'intervention imprévue sera presque toujours irrésistible.

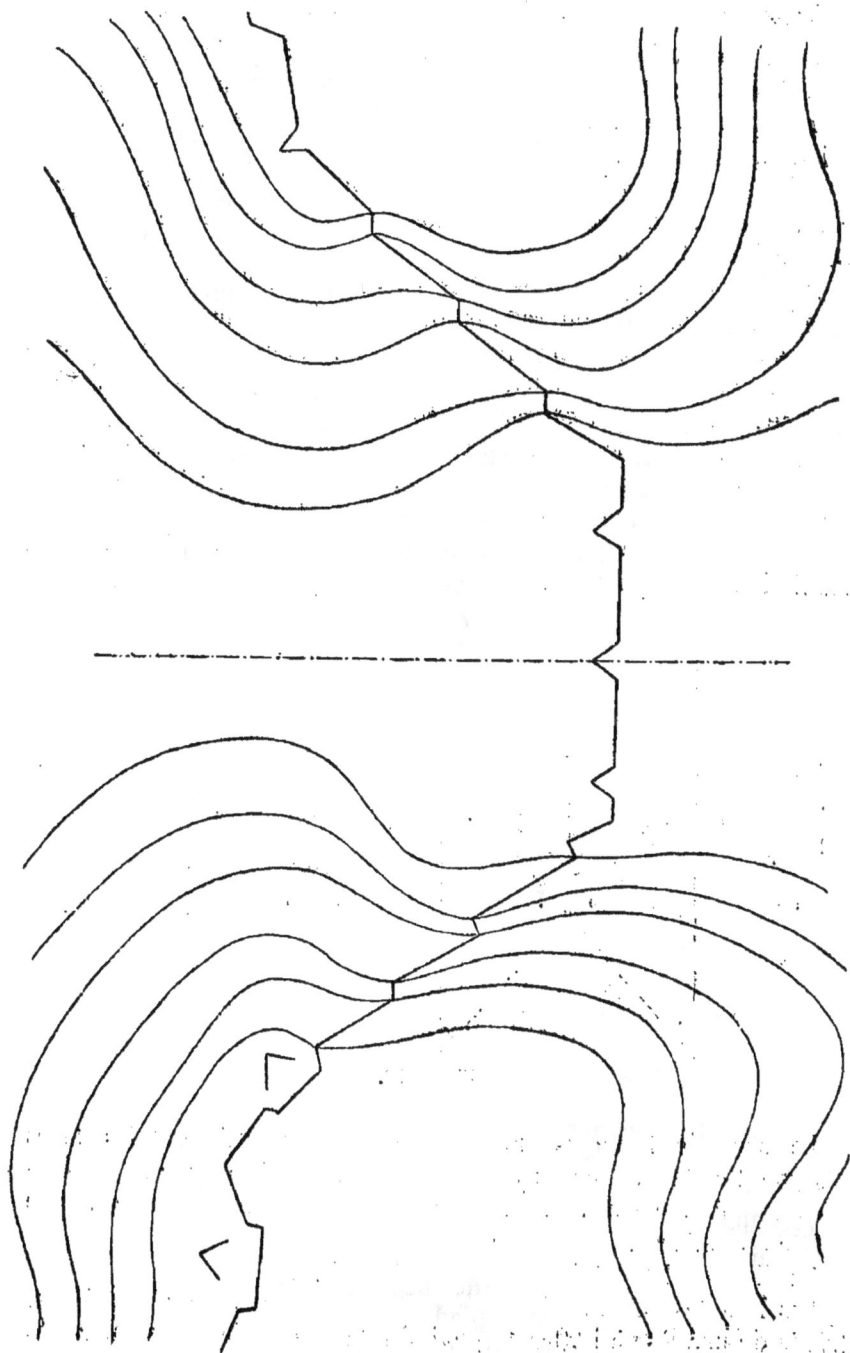

Figure 41.

LIGNES A INTERVALLES.

Les lignes à intervalles sont les seules qu'on puisse appliquer à la défense d'un terrain fortement accidenté, et d'une assez grande étendue, par une armée nombreuse ; ce sont celles qui se prêtent le mieux à l'offensive.

Elles sont *improvisées sur le champ de bataille*, ou bien, si le général a la faculté de choisir la position où il veut combattre, elles sont construites à l'avance.

Dans les deux hypothèses, elles se composent d'ouvrages ouverts à la gorge, lunettes ou redans, disposés de manière que les ouvrages en avant soient flanqués par les ouvrages en arrière, et que les ouvrages collatéraux battent les intervalles voisins, d'après cet axiome : « *Tout ce qui défend doit être défendu.* »

LIGNES A LUNETTES ET A REDANS. — Une ligne composée de lunettes et de redans est tracée de la manière suivante : L'espacement des lunettes du front AB doit être tel que le coup extrême, parti d'une lunette M, atteigne les capitales des lunettes voisines, dans les limites de la portée efficace de la mousqueterie (400 mètres).

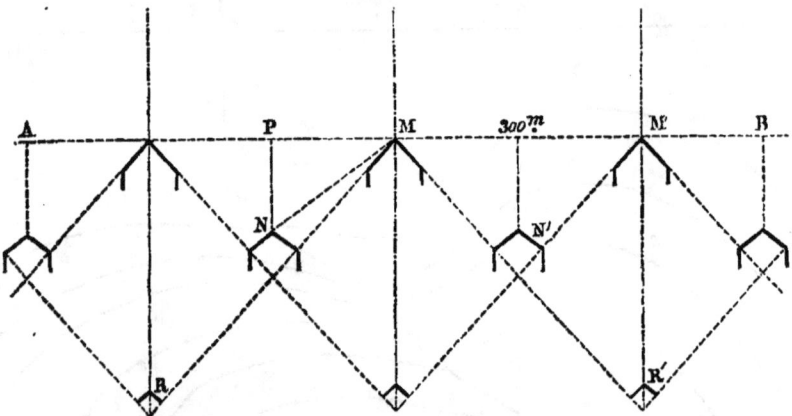

Figure 42.

La seconde ligne est formée de lunettes NN' dont les faces flanquent celles du front ; leurs saillants sont placés sur la perpendiculaire élevée sur le milieu de MM', dont la longueur ordinaire est de 300 mètres.

La distance PN est égale aux 2/5 de MM'.

Les lunettes ont 40 mètres de face, et des flancs de 20 mètres, tracés de manière à battre le pied du talus extérieur des ouvrages voisins. Leurs saillants ont de 80 à 90 degrés.

La troisième ligne est composée de redans RR', tracés sur les capitales des lunettes de la première ligne, de manière à flanquer les faces des lunettes NN' de la deuxième ligne.

EMPLACEMENT ET PROFIL DES OUVRAGES. — Les ouvrages doivent occuper de préférence les hauteurs ; ils doivent se commander d'une ligne à l'autre, et croiser leurs feux sur les parties basses de la position.

Il faut se souvenir qu'un soldat peut grimper partout où broute une chèvre (la bataille de l'Alma en a fourni une preuve éclatante), et ne négliger aucun point de la ligne de bataille, quelque inabordable qu'il paraisse. Il importe aussi que le profil donné aux retranchements du champ de bataille ne soit pas tellement élevé qu'on ne puisse facilement en sortir.

« La certitude où est l'ennemi que vous resterez dans votre retranchement, dit le maréchal de Saxe, le rend audacieux; » il faut donc que l'aspect des lignes fortifiées indique à l'ennemi que ces lignes ne sauraient arrêter l'élan des troupes qu'elles protégent, quand le moment de l'offensive sera venu.

Les obstacles du terrain, les constructions, les bois, les haies, les chaussées de chemin de fer, les murs de clôture, doivent entrer dans la composition des lignes, soit pour servir de réduits aux ouvrages, soit pour les relier entre eux; à défaut d'obstacles naturels, on dispose des défenses accessoires dans les intervalles et les gorges des ouvrages ouverts.

LIGNES DE ROGNIAT.

Le général Rogniat a proposé de couvrir le front de la position retranchée par des *redoutes bastionnées*, espacées de 240 mètres de saillant en saillant. « En donnant à chacun de ces ouvrages des faces de 50 mètres et des flancs de 36, perpendiculaires à la ligne de défense, on obtiendra des bastions détachés de 172 mètres de développement, flanqués entre eux et séparés par des intervalles de 120 mètres.

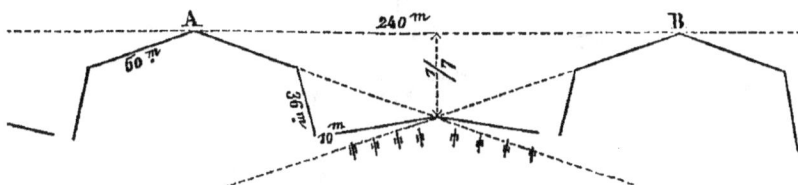

Figure 43.

« La crête intérieure du parapet s'élèvera de 2 mètres au-dessus du sol, la banquette, à 1^m,20, avec la largeur ordinaire, et l'épaisseur du parapet sera de 1^m,50 en moyenne. Les barbettes et les plates-formes de l'artillerie, qui exigent de si grands travaux, seront supprimées, les redoutes n'étant destinées à recevoir que de l'infanterie. L'artillerie sera placée hors des bastions, derrière les épaulements élevés en guise de courtine, au point d'intersection de leurs lignes de défense, position où elle sera bien défendue par le feu de mousqueterie des bastions latéraux. Le sol lui-même servira de plate-forme aux pièces; les épaulements auront 0^m,80 de hauteur pour une épaisseur de 2^m,50 à 3 mètres. De petites tranchées transversales, de 0^m,80 de profondeur, creusées perpendiculairement à l'épaulement, à côté de chaque pièce, serviront d'asile aux canonniers aussitôt qu'ils auront chargé. Les redoutes seront unies entre elles par une tranchée avec banquette, qui s'étendra des extrémités des flancs au point d'intersection des lignes de défense, en forme de courtine brisée, afin de défendre les redoutes le plus directement possible sans masquer les feux des flancs. Des passages de 10 mètres seront ménagés entre les tranchées et les flancs pour les sorties de l'artillerie et de la cavalerie. L'infanterie sortira en bataille, en passant par-dessus le parapet de la tranchée, qu'on garnira à cet effet de quelques gradins faits avec des fascines. Des redoutes, élevées sur le flanc de la seconde ligne, serviront à renforcer les parties faibles de la position. »

Le général Rogniat calculait que, pour un corps d'armée de 30,000 hommes, il fallait 8 ou 9 redoutes sur le front, construites chacune en 6 ou 8 heures par 516 travailleurs. En employant un homme par mètre courant aux tranchées et aux épaulements, il construisait le camp, comprenant 1,800 mètres de retranchements et 1000 mètres de tranchées ou de batteries, en une nuit; 6,000 travailleurs, soit le cinquième de l'armée, suffisaient à ce travail.

Modifications proposées. — Ces lignes ont été employées à Sa-

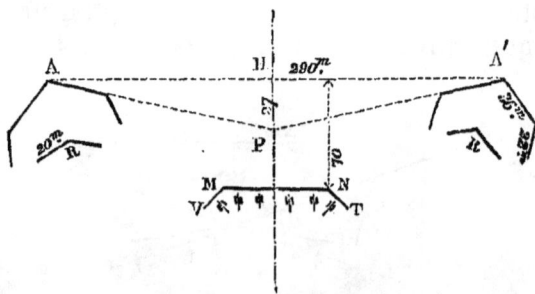

Figure 44.

dowa par les Autrichiens, avec les modifications suivantes, relatées par le colonel de Pidoll :

« La configuration du terrain et la disposition des troupes déterminent le choix des emplacements de l'artillerie. En avant de ces positions et en dehors du champ de tir des pièces, il doit y avoir des emplacements pour l'infanterie. Le tracé consiste en un front bastionné dont le côté AA' a 290 mètres; la longueur PH est de 27 mètres; les faces des bastions destinés à l'infanterie ont 36 mètres, leurs flancs 22 mètres.

« Un large intervalle sépare ces flancs de la courtine MN, construite en forme de batterie à 70 mètres de AA'; les extrémités MV, NT sont repliées de manière à battre les flancs des bastions.

« Des redans R, R', de 20 mètres de côté, construits à l'intérieur des bastions, leur servent de réduits [1]. » (*Fig.* 44.)

Le colonel Brialmont propose de remplacer les deux faces de chaque bastion par une seule ligne droite ou courbe, joignant les angles d'épaule; cette disposition permettrait de battre plus efficacement le terrain en avant des bastions, mais elle assurerait une protection moins efficace à la zone qui précède la batterie.

TRANCHÉES INTERMÉDIAIRES. — Si les tranchées intermédiaires doivent avoir un assez long développement, on les tracera de manière qu'elles fournissent des feux croisés. De nombreuses tra-

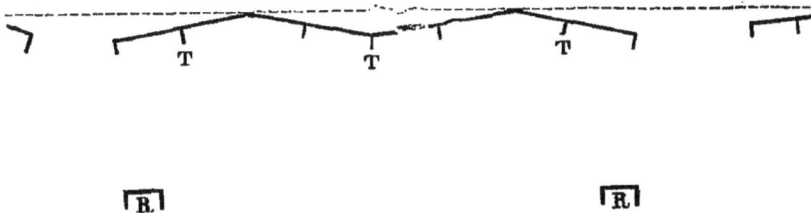

Figure 45.

verses (T), disposées de distance en distance, empêcheront l'enfilade; on établira, en arrière, des réduits (R) pour les corps de réserve, afin que les troupes de deuxième ligne puissent se reposer, faire la soupe et dormir tranquillement.

LIGNES DES ALLEMANDS AUTOUR DE PARIS.

Les Allemands ont appliqué, au siége de Paris, ces règles de la fortification passagère.

Leurs premières lignes, faibles et facilement franchissables, semblent faites pour attirer l'assaillant et encourager son audace.

---

[1] BRIALMONT, *Fortification improvisée.*

En arrière, et à bonne portée, s'élèvent d'autres défenses d'un relief plus grand, qui sont habilement dissimulées par l'inclinaison du terrain, par des bouquets d'arbres, ou même par des branchages et par des bruyères piquées sur les talus extérieurs. Ces défenses elles-mêmes sont prises d'écharpe, à de grandes distances, par des batteries mystérieuses, qui ne tireront sur les colonnes d'attaque que lorsque celles-ci se trouveront engagées au milieu de cette double ou triple série de lignes parallèles.

L'exécution des retranchements allemands n'a rien d'uniforme et paraît d'ordinaire assez négligée.

« Ce n'est que sur les hauteurs de Saint-Cucufa, à la Bergerie, et à la Celle-Saint-Cloud qu'on a pu reconnaître des ouvrages tracés d'après un parti général d'ensemble assez largement entendu. Ces défenses, exécutées avec un soin minutieux, accusaient la présence d'ingénieurs distingués. Il y avait, entre autres ouvrages, à la Celle-Saint-Cloud, un grand front flanqué, de 400 mètres d'étendue, qui prenait en écharpe les défenses du haras, et qui était tracé et exécuté avec une précision qui n'a été signalée nulle part ailleurs autour de Paris. Ce front était flanqué par deux redans, fermés à la gorge par des palissades, avec blockaus blindés, et deux petits saillants ouverts à la gorge; l'ensemble donnait une ligne légèrement convexe, afin de faire diverger les feux. Le tout était protégé par des abatis [1]. »

Les ouvrages allemands, trop morcelés, sont encombrés de détails plus ingénieux qu'efficaces, dont une artillerie suffisante et bien dirigée aurait promptement raison. On obtiendrait mal, d'ailleurs, du soldat français de rester parqué pendant de longues heures dans un dédale d'abris, de traverses, de boyaux, qui rappellent le système de la fortification féodale, enchevêtrée et compliquée, *en vue de la défense pied à pied et de la lutte corps à corps*. Cette agglomération de défenses formerait, en cas d'échec, un réseau inextricable qui serait funeste à une armée sérieusement attaquée.

Ce qu'il faut retenir, c'est le choix heureux que les Allemands faisaient des emplacements, l'art avec lequel ils tiraient parti du terrain, et le soin qu'ils avaient de cacher leurs ouvrages jusqu'au moment de l'action.

Les lignes allemandes de contrevallation, suivant l'arête des hauteurs qui dominent Paris, avaient 50 kilomètres de pourtour; une deuxième ligne occupait en arrière les points importants, sur un périmètre de 80 kilomètres.

---

[1] VIOLLET-LE-DUC, *La Fortification passagère dans les guerres actuelles* (Extrait du *Journal des Sciences militaires*).

En résumé, les meilleures lignes sont celles dont les défenseurs peuvent sortir facilement et rapidement pour se porter au-devant de l'ennemi, à la condition que les flancs et le centre de ces lignes soient solidement appuyés.

II. — Tranchées de bataille.

Nécessité des travaux improvisés. — Tous ces ouvrages ne seront avantageux qu'autant qu'ils seront inconnus à l'ennemi, et pour cela il faudra qu'ils aient été improvisés pendant la nuit.

Leur exécution doit donc être très-facile ; tout officier doit savoir les tracer et les profiler, et des conscrits doivent pouvoir les construire.

Vauban l'a dit : « On peut user librement du travail des hommes « quand on a pour but la conservation de leur vie ; » mais la nature de ce travail se modifie avec la tactique, qui change elle-même avec l'armement, et le problème consiste à employer le moyen le meilleur et le plus rapide de se terrer, comme le faisaient les Américains dans la guerre de la Sécession.

TRANCHÉE-ABRI FRANÇAISE.

Le moyen le meilleur paraît être, jusqu'à présent, la tranchée-abri française, qui est le travail régularisé et perfectionné.

Profil. — D'après l'instruction ministérielle du 19 avril 1868, elle se compose d'un *fossé* de 0m,50 de profondeur, ayant 1m,30 de largeur en haut, et 1m,10 au fond, et d'un *parapet* de 0m,60 de

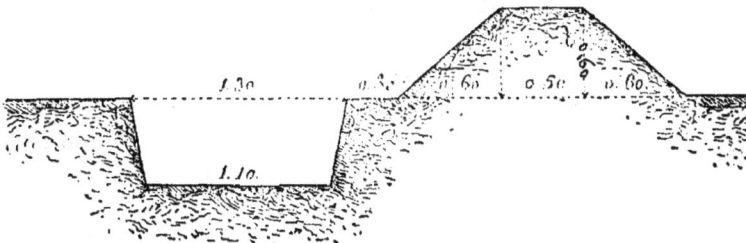

Figure 46.

hauteur, ayant 0m,50 d'épaisseur au sommet et 1m,70 à la base ; une *berme* de 0m,30 sépare le fossé du parapet, dont les talus sont à la pente naturelle (1/1) ; la plongée est horizontale.

Tracé. — Un officier par bataillon, aidé d'un sous-officier, est chargé du tracé ; il place de 40 mètres en 40 mètres des jalonneurs (sapeurs, tambours ou clairons) sur la direction que doit suivre le bord du fossé, du côté de l'ennemi; une rainure, faite à la pioche, indique la trace extérieure du fossé.

PROPORTION DES TRAVAILLEURS. — En admettant que, dans le rang, chaque file occupe 0^m,58, le front de 9 files (18 hommes) correspond à 5^m,22, c'est-à-dire à la longueur de tranchée-abri exécutée par 2 ateliers ou 6 hommes; on en conclut que *le tiers de l'effectif d'une troupe suffit à couvrir cette troupe*, soit deux compagnies pour un bataillon. En conséquence, les 2 compagnies sont formées sur un rang, à 3 pas en arrière des jalonneurs.

RÉPARTITION DES ATELIERS. — Les travailleurs, munis d'outils, à raison d'une pioche pour deux pelles, sont répartis en ateliers de 3 hommes chacun; la largeur de l'atelier est déterminée par celle de 2 pelles placées bout à bout sur la rainure, et sa largeur par

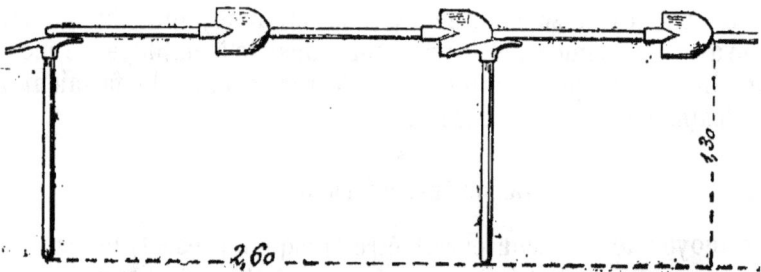

Figure 47.

la longueur de la pelle placée perpendiculairement le long de cette rainure; les pelles et les pioches, fournies par le génie, ayant 1^m,30, l'atelier a 2^m,60 de longueur pour 1^m,30 de largeur.

EXÉCUTION DU TRAVAIL. — Les travailleurs, après avoir ramassé leurs outils, creusent le fossé selon les dimensions du profil, sous la surveillance des officiers et sous-officiers. Ceux-ci peuvent, même sans instruments de précision, et avec des outils autres que ceux du génie, donner au travail une grande exactitude, en exécutant une sorte de profilement de la tranchée-abri.

Le fusil (modèle 1866) fournira lui-même les éléments de ce profilement. En effet, sa longueur, sans baïonnette, est de 1^m,30, ce qui est la largeur du fossé; donc en posant le fusil sur le sol, perpendiculairement à la trace extérieure du fossé, on déterminera par un trait de pioche la trace intérieure (*fig.* 48). Un travers de main (10 centimètres environ) indiquera, de chaque côté, ce qu'il faut ménager de terrain pour la construction des talus. La pente de ces talus est de 5/1, puisque la différence entre le haut et le fond du fossé est de 0^m,20, ce qui, réparti entre l'escarpe et la contrescarpe, leur donne 0^m,10 de base pour 0^m,50 de hauteur.

La distance de la queue de culasse au talon de la crosse, 0^m,30, indiquera la largeur de la berme.

La distance de la partie supérieure du pied de la hausse au talon de la crosse, 0^m,60, servira à marquer la projection de la crête intérieure, qu'on figurera à l'aide d'une baguette de fusil enfoncée dans le sol jusqu'à hauteur du pied de la hausse, l'arme étant reposée verticalement sur le sol.

L'épaisseur du parapet, 0^m,50, sera indiquée par la distance du sommet de la boîte de culasse au talon de la crosse, et une deuxième baguette, enfoncée de la même quantité que la première, figurera la projection de la crête intérieure.

Un trait de pioche, tracé parallèlement au fossé, à 0^m,60 en avant de cette deuxième baguette, marquera le pied du talus extérieur de l'épaulement (*fig.* 48).

Les officiers et les sous-officiers, répartis sur le front des travail-

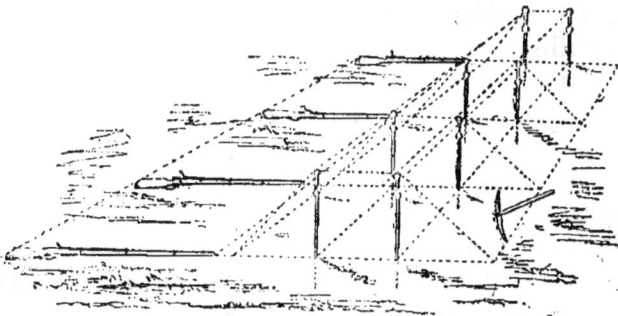

Figure 48.

leurs à des intervalles égaux, exécuteront chacun un profil, avec l'aide des caporaux ; puis « ils indiqueront avec précision aux travailleurs la fouille qu'ils doivent faire, le point où ils doivent jeter la terre, la berme à ménager. Les piocheurs entreprendront la fouille vers le bord extérieur de la tranchée, les pelleteurs jetteront d'abord les terres vers le milieu du remblai, de manière à en augmenter simultanément l'épaisseur et le relief ; ils le termineront en régularisant grossièrement à la pelle le talus et le sommet [1]. »

Il est important que la terre soit accumulée et tassée *par couches successives*, afin que, si l'ennemi survenait pendant le travail, on pût déjà se servir de l'épaulement commencé.

---

[1] Texte de l'instruction ministérielle du 19 avril 1868.

Les caporaux peuvent être employés à damer la terre, soit en la piétinant, soit en se servant d'une masse quelconque.

D'après ces principes, pour un bataillon de 600 hommes, détachant 200 travailleurs, il sera employé 134 pelles, qui, bout à bout, formeront une ligne de 174 mètres (134 fois $1^m,30$), bien suffisante pour couvrir le front du bataillon. On admet que chaque file occupe dans le rang $0^m,58$.

Lorsque plusieurs bataillons exécuteront la tranchée-abri, l'intervalle réglementaire de 20 mètres sera conservé entre les épaulements de chacun d'eux.

TEMPS NÉCESSAIRE. — La rapidité d'exécution dépend de l'habileté des travailleurs autant que de la nature du terrain. Dans un sol moyen, foisonnant de 1/10, le travail doit être achevé par des soldats d'infanterie en moins de 30 minutes. Il en résulte que si l'on évalue à 15 minutes le temps nécessaire pour distribuer les outils, un bataillon pourra se couvrir en moins de 3/4 d'heure par le travail de 2 de ses compagnies.

« L'expérience a appris que pour éviter des pertes de temps, il faut agir d'une manière analogue à celle qu'on emploie pour distribuer les outils et répartir les travailleurs, quand on veut faire des sapes volantes devant une place assiégée [1]. »

Pendant le siége de Paris par l'armée française, les officiers du génie disposaient les pelles et les pioches comme nous l'avons indiqué (*fig.* 47), et les travailleurs étaient répartis dans des ateliers nettement déterminés et approvisionnés de leurs outils. Le travail ne commençait qu'au commandement de « *haut le bras* », et, sous l'aiguillon du danger, l'épaulement s'élevait rapidement; dans ces conditions, 20 minutes suffisent pour construire la tranchée-abri.

INCONVÉNIENTS. — Les principales objections qui ont été élevées contre le profil de la tranchée-abri française sont :

1º *Son peu d'épaisseur* ($0^m,60$), qui ne suffit pas pour garantir des éclats d'obus;

2º *L'étroitesse du fossé* ($1^m,10$), qui ne ménage pas de place pour les serre-files et ne permet de charger et de tirer facilement sur 2 rangs, que si le premier rang, s'agenouillant sur la berme, fait le coup de feu en plaçant son arme sur la plongée;

3º *Le peu de hauteur du parapet* ($0^m,50$), qui ne couvre l'homme debout dans le fossé que jusqu'à $1^m,10$, et découvre de $0^m,20$ au moins le soldat assis sur la berme.

MODIFICATIONS PROPOSÉES. — Le colonel Brialmont a proposé de

---

[1] Commandant PRÉVOST, *Conférence sur le rôle de la fortification passagère dans les combats.* — 1868.

porter à 1ᵐ,80 la hauteur de l'épaulement et à 0ᵐ,90 son épaisseur, et, pour compenser cette augmentation de remblai, de porter à 2ᵐ,70

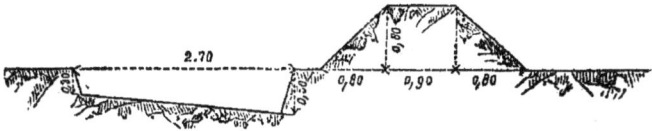

Figure 49.

la largeur supérieure du fossé, dont le fond, disposé en contre-pente, aurait 0ᵐ,30 en arrière et 0ᵐ,50 vers la berme. Ce profil retourné a l'avantage de faire un excellent abri de batterie.

Le général Faidherbe propose de diminuer de moitié la profondeur de la fouille, en donnant au fossé 4 mètres de largeur et au parapet 1 mètre de hauteur.

Il dispose les hommes sur 4 rangs, en quinconce, à deux pas dans tous les sens, de manière que chacun puisse travailler autour de lui, et il obtient la tranchée ainsi modifiée en 15 minutes.

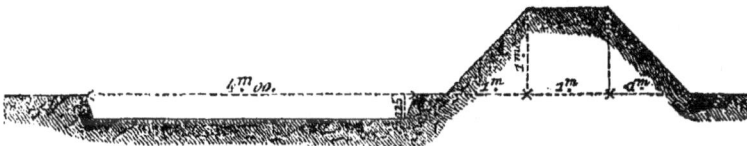

Figure 50.

Ces modifications pourront être mises à profit, soit pour certaines positions qui devront être plus solidement retranchées, soit pour les troupes de seconde ligne, soit enfin lorsqu'on aura le temps d'augmenter le relief du parapet. On ne devra pas oublier, cependant, que la tranchée-abri doit être offensive autant que défensive, et qu'avant tout on doit pouvoir la franchir facilement pour se porter au-devant de l'ennemi.

EMBUSCADES.

Les Russes, à Sébastopol, ont tiré un grand parti des embuscades.

« Elles se composaient d'un trou, profond d'un mètre, dont la terre, rejetée du côté des attaques, formait un petit parapet surmonté de sacs à terre disposés en créneau pour un seul tireur. La 1ʳᵉ ligne d'embuscades était soutenue par une 2ᵉ ligne semblable, et, en cas d'attaque, les tirailleurs se repliaient dans le fossé de la place, pour laisser toute son action à l'artillerie des parapets.

« Plus tard, ces petits postes furent reliés entre eux afin qu'on pût porter secours aux blessés[1]. »

En 1870, les Bavarois, devant Bitche, plaçaient leurs sentinelles avancées dans des embuscades du même genre ; mais la précision du tir de la place rendit ces abris intenables, d'autant que l'immobilité qu'il fallait y conserver était mortelle par un froid de 18°.

Le capitaine du génie Richard propose, pour abriter des tirailleurs en avant d'une ligne de bataille, une *embuscade-abri* d'un

Figure 51.

profil analogue à celui que le colonel Brialmont construit pour garantir un tireur couché.

III. — Pionniers d'infanterie.

INSUFFISANCE DE L'OUTILLAGE. — Les outils nécessaires à l'exécution de ces travaux ont été fournis jusqu'à présent, en campagne, par la compagnie divisionnaire du génie, par le parc spécial du corps d'armée ou par le grand parc de l'armée.

La compagnie divisionnaire, indépendamment des outils d'art et de mine, porte 36 pioches, 36 pelles carrées, 30 haches et 6 serpes; ses 2 prolonges contiennent 94 pelles et 38 pioches.

Le parc du corps d'armée dispose de 1,150 pelles et de 542 pioches; le grand parc de 4,700 pelles et de 2,200 pioches.

Ces ressources sont insuffisantes. Quel que soit le zèle des officiers du génie et l'habileté de leurs sapeurs, quels que soient le coup d'œil du général et la promptitude avec laquelle il enverra aux troupes engagées le matériel nécessaire à la construction des tranchées de bataille, il sera presque toujours impossible de réunir les outils en temps utile et en quantité suffisante.

A Metz, où l'armée était concentrée, où un nombreux état-major assurait rapidement l'exécution des ordres, on a pu construire, dans

---

[1] Maréchal Niel.

de bonnes conditions, les tranchées-abris avec les seuls outils fournis par le génie (*fig.* 52); mais sur un champ plus étendu, dans

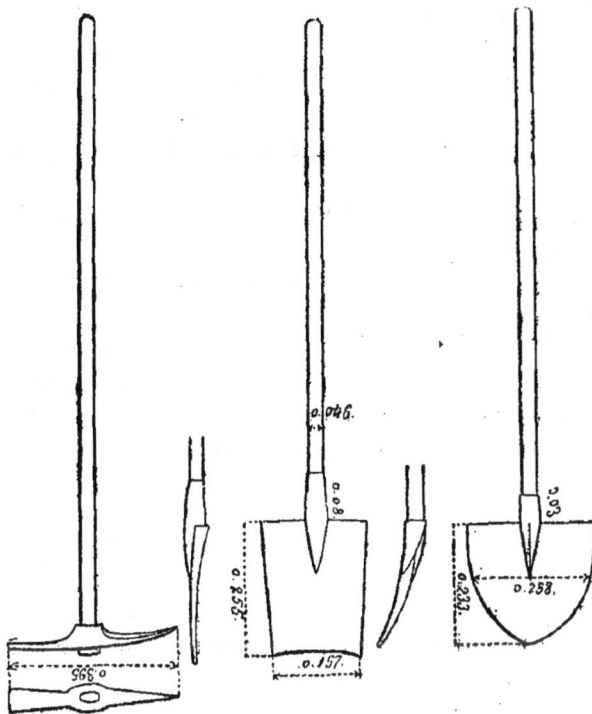

Figure 52.

un pays accidenté, les sapeurs et leurs voitures ne pourront presque
jamais arriver à temps pour qu'on puisse *improviser les travaux de
fortification*.

On est autorisé à conclure que chaque troupe d'infanterie doit
disposer, en toute circonstance, d'un certain nombre d'outils portatifs.

PIONNIERS D'INFANTERIE DANS LES ARMÉES ÉTRANGÈRES. — Tous les
fantassins russes ont un outil de pionnier. C'est le précepte de Napoléon, qui voulait qu'on ne séparât jamais le soldat de son fusil,
de ses cartouches, de son sac, de ses vivres pour 4 jours et d'un
outil de pionnier.

En Prusse, une pelle ou une pioche *à manche court* est donnée à
chaque soldat des bataillons de chasseurs. De plus, des officiers et
des sous-officiers sont détachés, chaque année, des régiments d'infanterie, pour suivre les cours théoriques et pratiques des corps de
pionniers; de retour dans leurs régiments, ils deviennent les in-

structeurs et les chefs des *sections de pionniers*, formées avec des hommes pris dans toutes les compagnies. Ces sections remplacent, dans les camps et en campagne, les troupes du génie.

En Italie, l'exemple de la Prusse a été suivi : des officiers et sous-officiers d'infanterie reçoivent, dans les écoles du génie, une instruction spéciale; ils sont associés à tous les travaux, à toutes les expériences, et ils rentrent à leurs régiments pour prendre part, avec eux, aux grandes manœuvres d'automne.

Chaque régiment d'infanterie anglaise est suivi d'un caisson d'outils.

Aux États-Unis, les outils du bataillon sont portés à tour de rôle par deux compagnies.

OUTILS A MANCHE COURT. — Une petite bêche en tôle d'acier, tranchante sur l'un des côtés, à manche court, d'une longueur totale de $0^m,50$ et du poids de $0^k,850$, a été adoptée en 1872 dans les armées autrichienne et danoise. En Danemark, il en est donné une par file ; cette bêche se porte au ceinturon et remplace le sabre.

Les outils à manche court obligent le soldat à travailler à genoux, ce qui est incommode, fatigant, et répugne au caractère français.

La bêche danoise remplace médiocrement la pelle et très-mal la pioche. Dans un sol rocailleux et dur, sur une route macadamisée, dans une rue pavée, cette bêche ne servirait absolument à rien.

Il faut que les outils soient vraiment utiles pour que le soldat les porte sans regret.

OUTILS PORTATIFS. — Les outils portatifs du génie pèsent avec leur manche : la pioche $2^k,150$, la pelle $2^k,100$, la hache $2^k,300$, la serpe $0^k,820$.

Les sapeurs d'infanterie, dans l'armée italienne, portent les mêmes outils d'un poids analogue, à l'exception de la pioche, qui pèse $3^k,120$.

Il serait facile, en faisant appel à l'industrie française, de trouver un modèle portatif de pioche et de pelle dont le poids moyen ne dépasserait pas 2 kilog., et qui aurait au moins $1^m,20$ de longueur.

La pioche, qu'on pourrait terminer d'un côté en forme de hache, servirait à ouvrir la tranchée, à briser les obstacles (portes, palissades, murs, etc.), à pratiquer des créneaux, et, à défaut du fusil, elle deviendrait une arme redoutable.

La pelle et la pioche seraient portées comme les outils des sapeurs des compagnies des chasseurs à pied; dans les circonstances où le sac est déposé, elles pourraient se placer dans le porte-sabre, à la place du fourreau de tôle si lourd et si bruyant.

La principale objection qui se présente contre l'outil portatif, c'est son poids et l'inconvénient de surcharger encore le soldat, qui porte, en tenue de campagne, 30^k,480 gr.

Mais, indépendamment des allégements qui ont été reconnus indispensables, on peut admettre en principe la suppression de la tente-abri, contre laquelle de si graves objections ont été élevées. Cela produirait une diminution de 1^k,150 et de 2^k,750 par la pluie.

PIONNIERS DU BATAILLON (PROJET).

L'outil de pionnier ne doit d'ailleurs être donné qu'à des hommes robustes; les malingres et les maladroits ne feraient que retarder la besogne, et nos terrains de manœuvre sont trop restreints, le tir, l'exercice, la garde et le service journalier laissent trop peu de temps disponible, pour qu'on puisse exercer, d'une façon efficace, le régiment tout entier aux travaux de campagne.

Il est nécessaire d'apprendre à tout le monde indistinctement le maniement de la pelle et de la pioche, mais il faut restreindre le nombre des pionniers, c'est-à-dire des *soldats d'élite, porteurs d'outils.* Ceux-là doivent être choisis parmi les hommes vigoureux, habitués au terrassement, parmi les mineurs et les ouvriers d'art (charpentiers, maçons, tailleurs de pierre, bûcherons) que le recrutement laisse à l'infanterie.

Il suffirait à l'escouade, quel que soit son effectif, d'avoir 3 pionniers portant *une pioche et deux pelles.* Cela ferait pour la compagnie actuelle 24 pionniers, qui, pour leur service spécial, seraient commandés par l'un des 8 caporaux, bien choisi lui-même, et portant une *hache de charpentier.* Un sergent commanderait les 2 escouades de pionniers de la division; il aurait à la ceinture une *scie à main,* analogue à celle des sapeurs italiens.

Les 6 escouades formeraient la section de pionniers du bataillon, placée sous le commandement d'un *officier spécial,* et sous la direction de l'adjudant-major, dans les attributions duquel les travaux de campagne paraissent naturellement rentrer.

L'effectif total de la section de pionniers du bataillon serait de :

1 officier,
3 sergents. . . . . . . 3 scies à main,
6 caporaux . . . . . . 6 haches de charpentier,
144 pionniers } . . . . . 48 pioches,
{ . . . . . 96 pelles.

Ces 153 hommes, munis d'outils et exercés à tous les travaux de campagne, suffiraient largement aux besoins du bataillon.

Une *haute paye* analogue à celle des sapeurs d'infanterie (nécessairement supprimés) serait attribuée aux pionniers.

Au point de vue du génie, cette organisation aurait l'avantage de ne plus absorber toutes les forces vives de ce corps si savant et si utile, et de ne pas le détourner de son véritable rôle, qui consiste à exécuter par masse, sur les positions principales, les travaux importants et d'une exécution difficile.

IV. — Défenses accessoires.

DÉFINITION. — Pour arrêter l'assaillant sous le feu du parapet et rompre son premier élan, pour donner aux défenseurs le temps d'occuper les postes désignés en cas d'assaut, pour éviter ou tout au moins *pour retarder la lutte corps à corps*, on dispose autour des ouvrages de fortification des défenses accessoires.

Les unes ont un certain relief, qui les expose à être détruites avant l'attaque par l'artillerie ennemie; ce sont : les *palissades*, les *fraises*, les *palanques*, les *chevaux de frise*, les *barrières* et les *abatis;* elles servent à fermer la gorge des ouvrages ouverts, à assurer les communications, à former les réduits intérieurs, à compléter le flanquement du fossé ou à y suppléer, *à la condition d'être placées à l'abri du canon.*

Les autres, offrant moins de prise aux projectiles, comme les *piquets*, les *haies de fil de fer*, ou, creusées dans le sol, comme les *trous-de-loup*, les *fougasses* et les *torpilles*, sont disposées, soit au fond, soit en avant du fossé, soit aussi à la gorge de l'ouvrage.

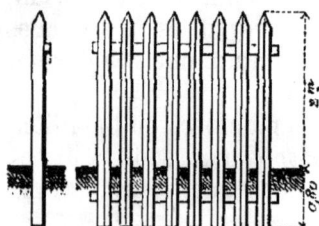

Figure 53.

Tous ces éléments se combinent entre eux, et une bande de défenses accessoires, bien battue par des feux directs, arrêtera l'ennemi mieux que le fossé, dont les angles morts ne peuvent être qu'imparfaitement défendus par le flanquement, surtout pendant la nuit.

PALISSADES. — Les palissades sont des pièces de bois triangulaires de 2m,50 à 3m,50 de longueur sur 0m,15 à 0m,18 de côté, appointées à leur partie supérieure, et enterrées de 0m,80 environ.

Elles sont placées verticalement, et espacées de 0m,07 à 0m,08; elles sont réunies, à l'aide de chevilles en chêne, à une poutrelle transversale de 0m,10 sur 0m,05 d'équarrissage, qu'on nomme *liteau;* ce liteau est fixé d'ordinaire à 1m,30 au-dessus du sol, pour servir de plongée aux tireurs.

On peut augmenter la solidité des palissades en plaçant un deuxième liteau à 0^m,40 de leur extrémité inférieure. Il faut goudronner les parties enterrées.

Les meilleures palissades sont en chêne; on en fait aussi en charme, en hêtre, en orme, en châtaignier, en sapin.

Les *grilles de fer*, les *rails*, les *solives* de plancher peuvent en tenir lieu.

Deux charpentiers font 10 palissades à l'heure, deux autres en plantent de 12 à 15 mètres courant par jour.

Dans le fossé, elles sont disposées soit à 1 mètre en avant du pied de l'escarpe, soit au milieu du fossé, soit contre la contrescarpe (*fig.* 54).

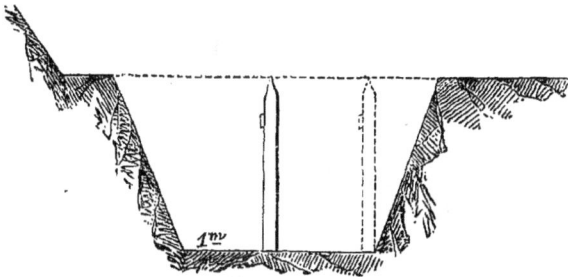

Figure 54.

D'après le tracé de l'ouvrage, on les place de manière qu'elles ne soient pas exposées au tir d'écharpe ou d'enfilade, qui les détruirait promptement.

Flanquées et défendues par des tirailleurs, elles suffiront souvent à arrêter l'ennemi.

La disposition des palissades à 1 mètre en avant de l'escarpe paraît être la meilleure; elles soutiennent ainsi les terres éboulées du parapet, et rendent le fossé plus difficile à combler.

FRAISES. — Les fraises sont des palissades placées obliquement au sommet de l'escarpe, sous une inclinaison de 1/12; leurs pointes, dirigées vers le fond du fossé, ne doivent pas dépasser, en projection horizontale, le pied de l'escarpe, au-dessus duquel on les tient à 2 mètres au moins.

Les fraises sont enterrées de 1^m,30 et assujetties par 2 liteaux : l'un sur la berme et au-dessous d'elles, l'autre réunissant leurs extrémités dans l'intérieur du talus.

Aux angles saillants, les fraises sont disposées en éventail.

On ne doit les employer que lorsque l'élévation du glacis les protége suffisamment contre l'artillerie.

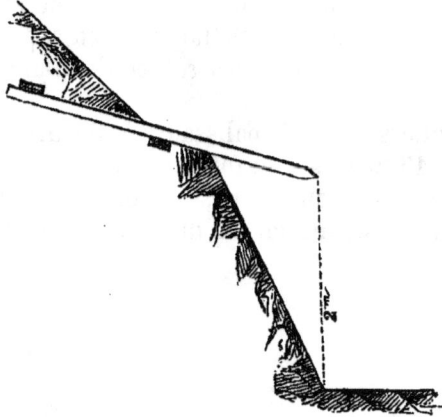

Figure 55.

PALANQUES. — Les palanques sont de grosses palissades carrées,
de 0^m,20 à 0^m,30 d'équarissage, placées verticalement et jointives.

Elles sont percées de créneaux, disposés de mètre en mètre dans

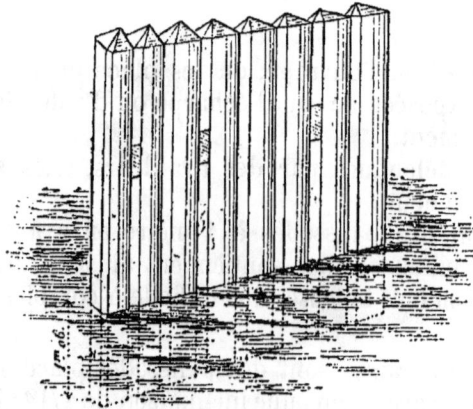

Figure 56.

leurs joints et qui ont extérieurement 0^m,25 de hauteur sur 0^m,10
de largeur.

Ces créneaux sont à 2 mètres au-dessus du sol ou du fond d'un petit fossé pratiqué en avant des palanques, et dont la terre est remblayée contre leur pied.

Une banquette pour les tireurs est disposée à l'intérieur, à 1^m,30

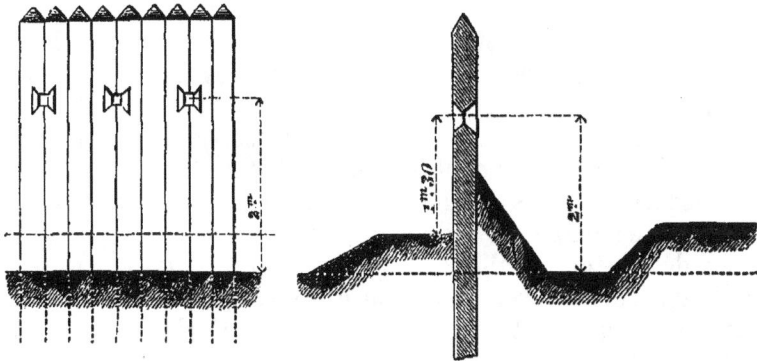

Figure 57.

au-dessous des créneaux; elle augmente encore l'assiette du **retranchement en bois** (*fig.* 57).

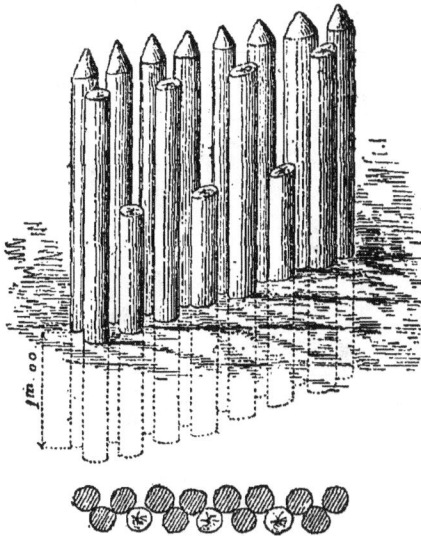

Figure 58.

Les troncs d'arbres peuvent être employés sans équarissage, avec leur écorce. Dans ce cas, la meilleure méthode consiste à planter une ligne de pieux, appointés sur 1/3 de leur diamètre, à 0^m,10 les uns des autres; on bouche les intervalles, de deux en deux, avec une seconde rangée, puis on remplit les intervalles qui restent, jusqu'à la hauteur de 1m,30, avec des pieux plus petits formant l'appui des créneaux (*fig.* 58).

« Ce moyen emploie plus de bois, mais il garantit mieux les fusiliers et présente une résistance beaucoup plus forte, si les poteaux sont profondément calés et scellés dans une tranchée bien pilonnée de terre forte et de débris de pierres ou de gros cailloux [1]. »

Les palanques sont une meilleure défense que les palissades; elles ont le même emploi et forment un bon retranchement contre la mousqueterie, mais le canon les détruit très-vite, et leurs éclats sont fort dangereux pour les défenseurs.

Bien défilées de l'artillerie, elles rendent de grands services, soit comme ligne de défense, soit comme flanquement, soit comme réduit.

Comme flanquement d'un fossé, d'un mur crénelé, ou d'une maison, on les dispose circulairement, de manière à former *un tambour*

Figure 59.

en *palanque*, qui prend le nom de *coffre* ou de *caponnière blindée*, lorsqu'avec des madriers ou des rails, on ajoute un plafond recouvert d'un mètre de terre tassée et gazonnée (*fig.* 59).

BLOCKAUS. — Comme réduit, on emploie le blockaus, c'est-à-dire

[1] VIOLLET-LE-DUC, *Mémoire sur la défense de Paris.* — Paris, Morel, 1871.

une enceinte rectangulaire de palanques, ayant un relief compris entre 2ᵐ,50 et 3ᵐ,50, reliées en haut par une poutre transversale

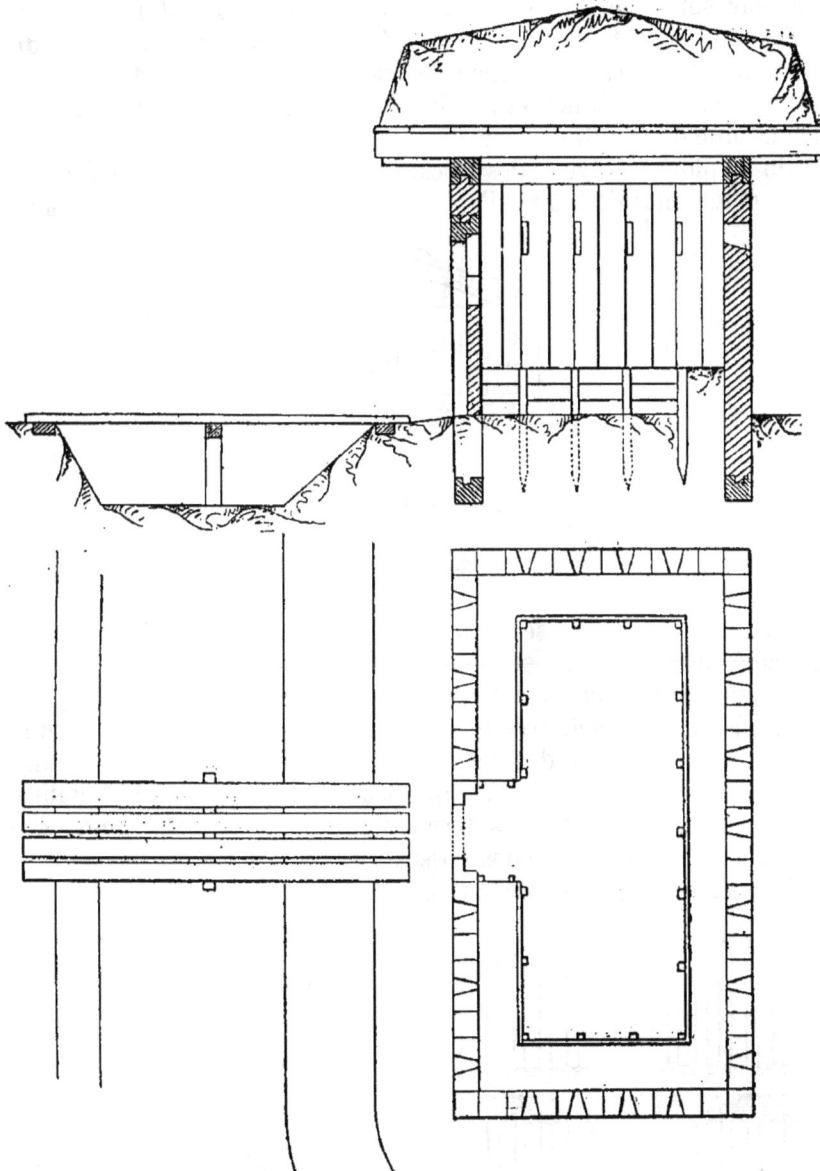

Figure 60.

nommée *chapeau*, en bas par une poutre semblable nommée *semelle*; sur le chapeau on dispose des poutres jointives pour former le *ciel* du blockaus, qu'on remblaie comme celui de la caponnière.

·Une banquette en planches est établie à 1^m,10 au-dessous des créneaux : on l'incline et on lui donne 2 mètres de largeur, pour qu'elle puisse servir de *lit de camp*. Un fossé de 2 mètres de profondeur sur 3 mètres de largeur est creusé tout autour ; la terre qu'on en retire forme un talus à 45°, qui protége la muraille du blockaus. La porte est formée de madriers à l'épreuve de la balle. Pour dégager la fumée et faciliter l'aération, on taille en pyramide l'extrémité des poutres verticales.

On emploie en Algérie des blockaus à étages, fabriqués en France, d'un poids total de 8,500 kilogrammes, que l'on transporte démon-

Figure 64.

tés. La base se compose de poutres formant un carré de 4 mètres de côté ; aux angles, des poutres verticales supportent un étage supérieur, qui déborde extérieurement sur le rez-de-chaussée ; des meurtrières dites *mâchicoulis*, pratiquées dans la partie débordante du plafond, donnent des feux dans les angles morts. Une toiture ordinaire recouvre le blockaus, qui peut recevoir jusqu'à 18 hommes de garnison. Ces blockaus forment une *ligne de petits postes détachés* sur la frontière de nos possessions en Algérie.

CHEVAL DE FRISE. — Le cheval de frise, formé d'une poutrelle

Figure 62.

carrée de 3 mètres à 4 mètres de longueur, dont les faces sont traversées alternativement de 0m,15 en 0m,15 par des lances en bois de 3 mètres, est employé quelquefois comme barrière.

BARRIÈRES. — Les passages ménagés dans les lignes de palissades ou de palanques, sont fermés par des barrières à un vantail ou à deux vantaux, ou encore par des barrières tournantes à bascules.

Ces barrières ressemblent à celles qu'on emploie communément.

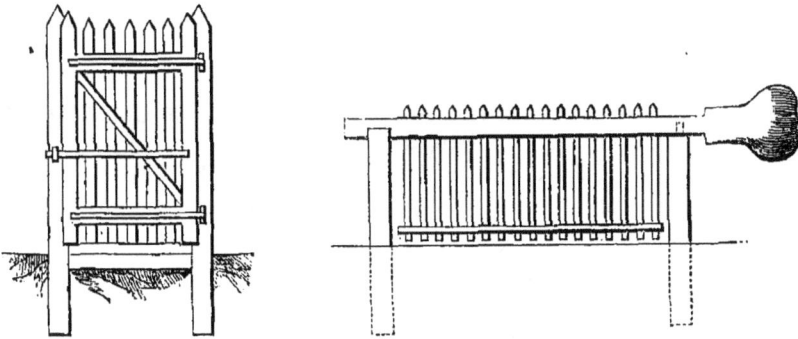

Figure 63.

ABATIS. — Les abatis sont naturels ou artificiels :

Naturels, lorsqu'on entaille les arbres avec la hache ou la scie, à 0m,50 au-dessus de terre, pour les faire tomber du côté de l'ennemi ;

Figure 64.

Artificiels, lorsqu'on transporte des arbres abattus en avant du fossé ou à la gorge de l'ouvrage.

Dans les deux cas, les abatis doivent être solidement fixés au sol, avec des piquets et des harts ; on élague toutes les petites branches en appointant les autres. Pour les soustraire aux vues de l'artillerie, on les couche le long de la contrescarpe ou bien on les dispose dans l'avant-glacis, s'il y en a un.

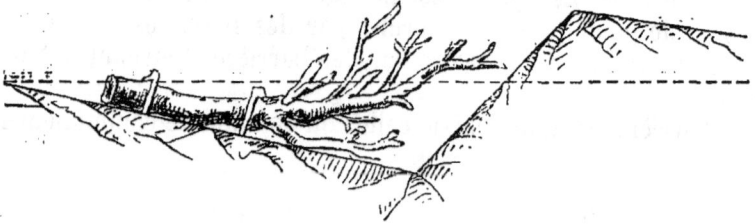

Figure 65.

PIQUETS; HAIES DE FIL DE FER. — Des piquets pointus, dépassant le sol de 0ᵐ,60, peuvent être disposés en quinconce sur le glacis. En les réunissant par des fils de fer, on forme des haies presque infranchissables, surtout lorsqu'elles sont combinées avec les trous-de-loup.

TROUS-DE-LOUP. — Puits coniques de 1ᵐ,30 de profondeur, ayant

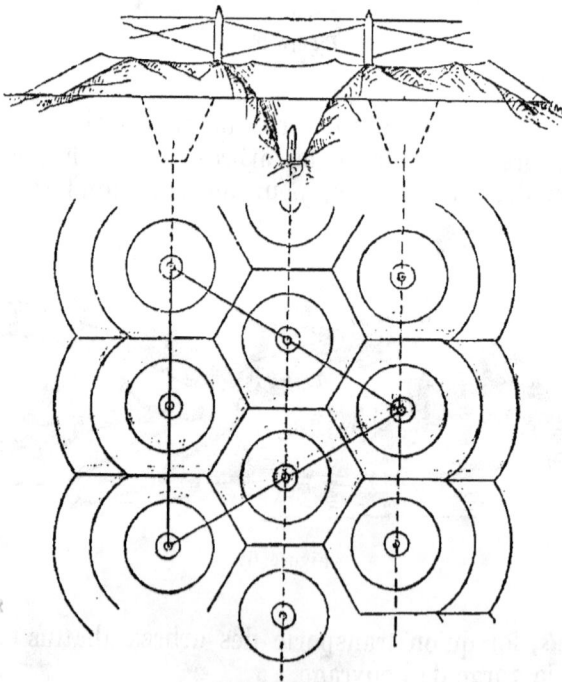

Figure 66.

une largeur de 2ᵐ,10 en haut et de 0ᵐ,70 au fond, espacés de centre en centre de 3 mètres ; un fort piquet est planté au fond de ce puits.

On les trace en quinconce, sur *trois rangs au moins*, au moyen d'un triangle équilatéral en corde de 6 mètres ; chaque sommet du triangle et le milieu de chaque côté déterminent le centre d'un trou-de-loup.

Les terres provenant de l'excavation sont disposées dans les intervalles avec une pente de 1/1 ; c'est sur ces remblais que l'on disposera solidement les piquets reliés entre eux par du gros fil de fer. La gorge d'un ouvrage ainsi barrée sera mieux défendue que par des palissades ; elle sera surtout mieux battue par les ouvrages voisins.

FEUX CLANDESTINS.

Fougasses. — A 12 ou 15 mètres en avant du fossé, en arrière des défenses accessoires, et sur les principaux points d'attaque (aux saillants surtout), on prépare des *mines* chargées de poudre qui doivent éclater sous les pieds de l'assaillant, soit pour le faire sauter, soit pour le cribler de projectiles. L'effet moral en est si grand que les meilleures troupes hésitent à s'engager sur un terrain miné.

La fougasse est un puits vertical AB CD, de 2 à 4 mètres, ayant la forme d'une pyramide renversée ; on dispose au fond une boîte cubique goudronnée P, ou un sac en toile contenant la poudre ; on y met le feu soit au moyen d'un *saucisson* (s) contenu dans un *auget* (*mn*), qui communique avec le fossé ou avec l'intérieur du retranchement, soit au moyen de l'*électricité*. Le saucisson est un boyau en toile de 0^m,02 de diamètre, rempli de poudre ; l'auget est l'assemblage de quatre lattes clouées ensemble et laissant entre elles un vide carré de 0^m,04 de côté. Le puits est ensuite comblé et fortement tassé. L'explosion forme dans le sol une excavation nommée *entonnoir* E E' E''.

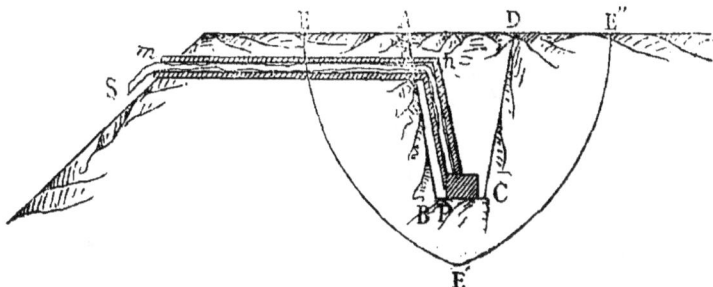

Figure 67.

On espace les fougasses d'une quantité égale au double de leur profondeur, et on y met le feu simultanément, de manière à bouleverser le terrain sans endommager le fossé.

Pour mettre le feu, on plonge l'extrémité du saucisson dans un petit tas de *pulvérin*, qu'on recouvre d'un morceau de gros papier solidement maintenu ; un petit triangle d'amadou traverse ce papier et plonge dans le pulvérin. Au moment favorable, le soldat chargé de mettre le feu, allume l'extrémité du triangle avec de l'amadou ou du charbon.

Si l'on disposait d'un appareil électrique, l'auget deviendrait inutile, on enterrerait les fils métalliques conducteurs à la surface du sol, en les mettant à l'abri de l'humidité. On pourrait encore employer comme *boute-feu* une étoupille fixée à la boîte à poudre ; une ficelle, tenant à la boucle, donnerait le feu.

Fougasses-pierriers. — La fougasse-pierrier est une véritable bouche à feu creusée en terre. Elle a la forme d'un demi-entonnoir pyramidal dont l'axe est incliné suivant la direction du tir. La boîte à poudre est recouverte d'un *plateau de bois*, sur lequel on charge des pierres (grosses comme le poing), des briques, des obus ou des biscaïens.

Il y a quatre espèces de fougasses-pierriers :

1º La fougasse en déblai ; 2º la fougasse en remblai ; 3º la fougasse rase ; 4º la fougasse à feux rasants.

1. Fougasse en déblai. — Axe à 45º; profondeur du centre des poudres au-dessous du sol, 1^m,80; volume du déblai, 15 mètres cubes; charge ordinaire, 25 kilogrammes de poudre pour lancer 3 ou 4 mètres cubes de pierres contenues dans une chambre cubique de 0^m,36 de côté.

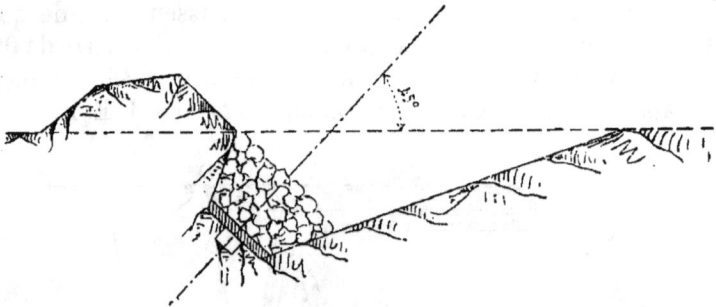

Figure 68.

Les terres provenant de l'excavation forment un *massif* en arrière, de manière à produire une surcharge qui empêche l'effet de l'explosion de se produire du côté du fossé.

L'espace couvert de pierres par l'explosion a de 90 à 150 mètres de longueur, mais la plus grande masse tombe de 50 à 100 mètres. 10 hommes exécutent cette fougasse en 12 heures.

2. Fougasse en remblai. — Les poudres ne sont qu'à 1 mètre ; un fossé, creusé circulairement à 4 mètres du centre des poudres et hors de la sphère de projection, fournit les terres qui forment la surcharge indispensable pour donner à l'*entonnoir factice* la capacité nécessaire pour contenir la charge. Cet entonnoir factice se compose

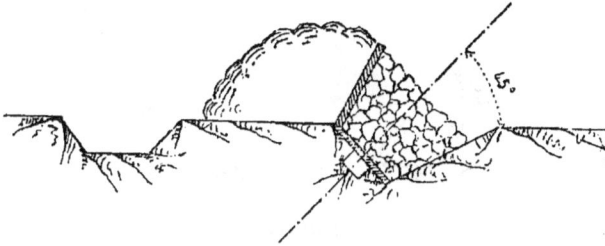

Figure 69.

d'un revêtement en claies, en planches ou en fascines, retenu par de solides piquets de retraite. Le remblai s'élève à 1^m,50 au-dessus du sol naturel.

3. Fougasse rase. — On l'établit dans un terrain de bonne consistance ; on ne laisse sur le sol aucune trace qui puisse faire soupçonner sa présence ; les terres provenant du foisonnement sont répandues.

Le tir s'effectue sous une inclinaison de 3/2 ; la profondeur des poudres varie entre 1 mètre et 1^m,50. La masse des pierres tombe de 25 à 40 mètres en avant (*fig.* 70).

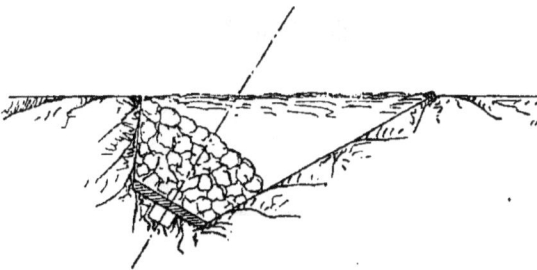

Figure 70.

4. Fougasse a feux rasants. — Axe de 20 à 25 degrés à l'horizon ; elles servent à flanquer les fossés ; on les établit dans le talus de contrescarpe, en regard du point à battre. Leur emploi est dangereux.

Les fougasses sont exclusivement du ressort du génie ; c'est une

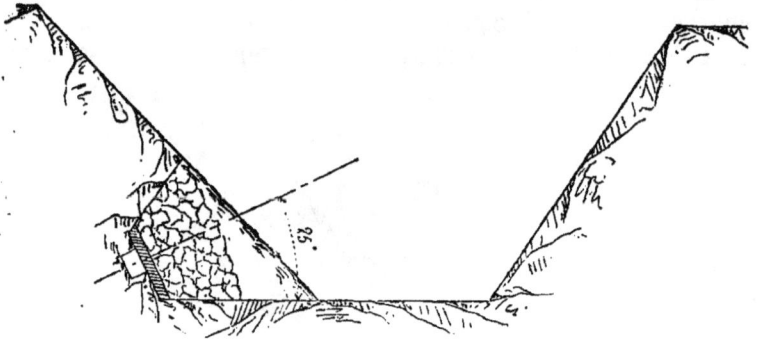

Figure 74.

arme capricieuse dont l'établissement exige des précautions minutieuses et qu'il est bien difficile de faire partir à temps.

TORPILLES. — On a employé à Sébastopol et dans la guerre de la Sécession américaine, des mines éclatant d'elles-mêmes sous le poids d'un homme.

Le feu y est mis par une composition chimique détonante. L'appareil *Jacobi*, employé en Crimée, se compose de deux tubes de verre fermés au chalumeau, remplis, l'un d'acide sulfurique, l'autre de chlorate de potasse, et empaquetés dans un tube de plomb bourré de coton. La pression du pied sur le plomb brise le verre et produit le mélange détonant qui fait sauter la mine souterraine (caisse de poudre, **bombes** enterrées, fougasse, etc.).

Ces feux clandestins, très-redoutés, ne sont pourtant pas fort meurtriers ; ils ratent souvent et peuvent éclater sous le pas d'un tirailleur isolé.

Le congrès humanitaire de Saint-Pétersbourg, en 1868, n'en a pas interdit l'emploi.

TROISIÈME CONFÉRENCE.

SOMMAIRE.

I. — Organisation défensive des lieux habités.

L'armement actuel donne à la défensive un grand avantage sur l'offensive.

Les villages, les fermes, les châteaux, les moindres constructions, les murs, les clôtures en bois ou en fer, les haies et les fossés, tout ce qui sert d'habitation, tout ce qui sépare les héritages, tous les obstacles élevés pendant la paix pour les besoins de l'homme, doivent être utilisés pendant la guerre.

Il ne peut y avoir à cet égard de règle absolue; les dispositions défensives varieront d'après l'importance de la position militaire, d'après la disposition du terrain, d'après le nombre et la qualité des troupes dont on dispose.

Il est cependant certaines notions générales, consacrées par l'expérience, qui doivent être familières à tout officier d'infanterie. L'occasion de les appliquer se présentera souvent, et le courage le plus éprouvé ne saurait tenir lieu, dans la défense d'une ferme ou même d'un mur d'enceinte, des connaissances pratiques qui prolongent la résistance, en ménageant la vie du soldat.

MURS.

Un mur, quel qu'il soit, fournit toujours une bonne défense contre la mousqueterie.

Si le mur a environ 2 mètres de hauteur, on place sur la crête des sacs à terre, disposés en créneaux de distance en distance.

Ces sacs, distribués par le génie, présentent à vide un rectangle de toile de 0^m,65 sur 0^{m}33 ; leur ouverture porte deux cordons pour les fermer quand on les a remplis avec de la terre ou du sable. Pleins, ils ont 0^m,50 de longueur sur 0^m,25 de diamètre.

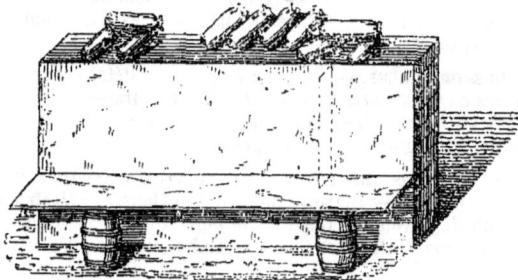

Figure 72.

Il faut trois sacs pour faire un créneau : les deux premiers, placés obliquement, sont espacés de 0^m,10 du côté de l'ennemi et de 0^m,30 à 0^m,40 à l'intérieur ; le troisième sac est placé près du bord extérieur de la crête, perpendiculairement à la directrice du créneau.

Ces créneaux sont plus ou moins rapprochés, suivant le nombre de tireurs et d'après les besoins de la défense ; leur distance moyenne est de 1^m,50.

Quand on a des sacs en nombre suffisant, on les dispose à droite ou à gauche des créneaux, et dans les intervalles laissés vides sur la crête.

Une banquette pour les tireurs est disposée intérieurement à 1^m,30 au-dessous des créneaux. Elle se compose d'un talus, ou de planches supportées par des piquets, des caisses, des tonneaux, de grosses pierres ou des meubles. La largeur de cette banquette est de 1 mètre environ.

Si le mur est plus élevé, s'il est consistant et formé d'une pierre assez dure pour que la pioche ou le ciseau puissent y pratiquer de *très-petites* ouvertures, on fait des créneaux dans son épaisseur. Ces créneaux, dont l'ouverture extérieure ne doit pas avoir plus du double du diamètre du fusil, auront à l'intérieur une largeur égale à la moitié de l'épaisseur du mur ; on les garnira de terre grasse ou de bois pour éviter les éclats de pierre.

Les murs en brique sont les meilleurs pour ce genre de défense, d'autant plus que le canon les troue sans les renverser.

Les créneaux doivent être tenus assez élevés pour que l'assaillant ne puisse pas les emboucher. Pour éviter ce danger, on creuse en avant du mur un fossé de 1 mètre de profondeur sur 1m,50 ou 2 mètres de largeur; la terre retirée du fossé forme un talus abou-

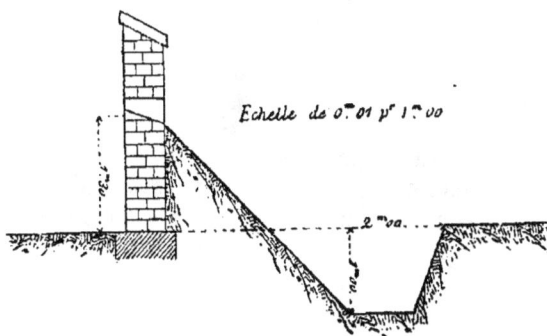

Echelle de 0m.01 pr 1m.00

Figure 73.

tissant à l'appui des créneaux. Ce talus supprime l'*angle mort* qu'il faudrait battre, sans cela, en pratiquant de nouveaux créneaux presque au niveau du sol, ou bien en flanquant le mur à l'aide de *tambours en palanques*.

Lorsqu'on doit être attaqué avec de l'artillerie, et qu'on a le

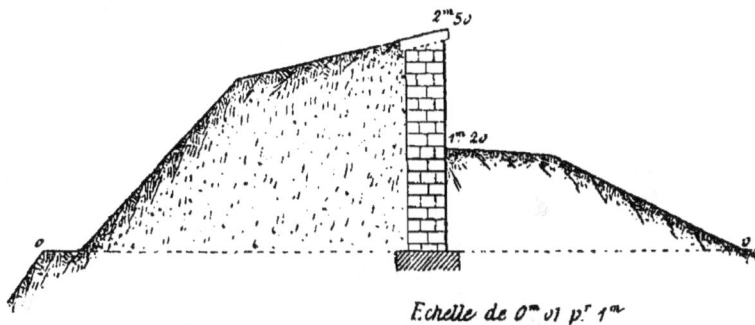

Echelle de 0m.01 pr 1m

Figure 74.

temps d'élever un retranchement, le mur sert de soutien au parapet de ce retranchement, ou de deuxième ligne de défense; dans ce dernier cas, il est crénelé, et se trouvé au pied dü talus de banquette.

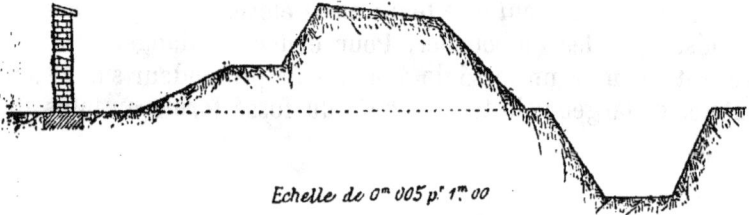

Echelle de 0ᵐ 005 pᵉ 1ᵐ 00

Figure 75.

S'il s'agit d'un mur bas surmonté d'une grille en fer, on barre la grille jusqu'à la hauteur de 2 mètres, avec des planches jointives, contre lesquelles on accumule la terre prise dans une tranchée intérieure. On pratique des créneaux soit avec des sacs à terre, soit

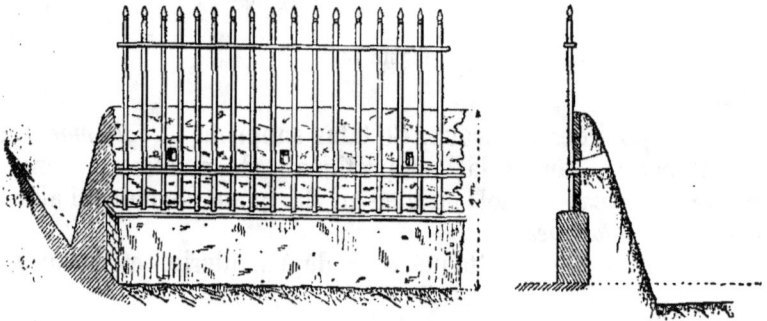

Figure 76.

avec quatre lattes disposées en pyramide tronquée, soit avec une corbeille conique en osier (*fig.* 81).

Des traverses, faites avec des caisses, des tonneaux ou des moellons, blindées par des sacs à terre, seront établies, de distance en distance, perpendiculairement au mur fortifié; elles serviront à la fois de *pare-éclats* et d'obstacle au tir d'enfilade.

Si l'on a des madriers ou des rails, on établira de distance en distance des *abris blindés*, soit en construisant de petits blockaus rectangulaires, soit en posant ces madriers ou ces rails obliquement contre le mur, et en les revêtant de sacs à terre.

HAIE.

On utilise, pour la défense, une haie touffue en l'entourant extérieurement d'un fossé, dont la terre forme un parapet de l'autre

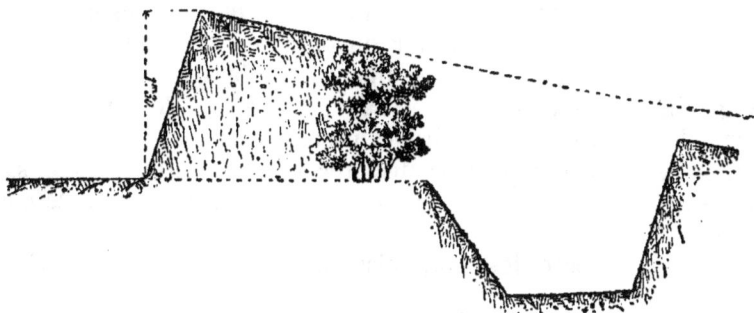

Figure 77.

côté, ou bien en creusant une tranchée à l'intérieur. Dans la première disposition, le sommet est retaillé suivant le prolongement de la plongée ; dans la seconde, on pratique des créneaux à travers les

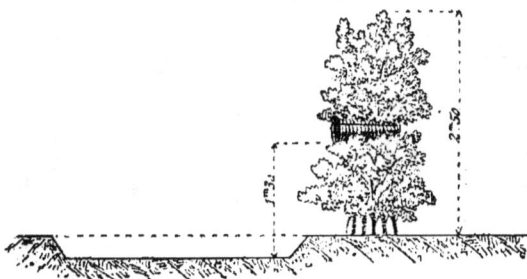

Figure 78.

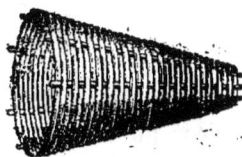

Figure 79.

branches de la haie, ou bien l'on fait des créneaux avec des sacs à terre pour tirer par dessus.

A la bataille de Waterloo, la haie vive entourant le verger du château de Goumont, formée d'arbres très-gros et fortement enlacés, présentait une espèce de mur impénétrable, à travers lequel l'infanterie française dut se frayer un passage à coups de hache.

MAISON ISOLÉE.

Lorsqu'on est obligé de mettre en état de défense une maison isolée, il faut s'assurer par une *reconnaissance minutieuse*, de la position qu'elle occupe, de sa solidité, des matériaux nécessaires à son organisation défensive, du flanquement de ses murs, du meilleur parti à tirer de ses dispositions intérieures, enfin du nombre et de la répartition des défenseurs.

L'ennemi essayera d'incendier la maison fortifiée, d'abord à distance avec des obus, ensuite de plus près, par tous les moyens; il est donc nécessaire de trouver ou de créer au dehors des abris, derrière lesquels la garnison se tiendra pendant le bombardement, et qu'elle quittera au moment de l'attaque par l'infanterie, pour garnir les créneaux et prendre les postes de combat.

Comme l'incendie peut se déclarer pendant cette attaque, sans qu'il soit possible de s'en rendre maître, il est indispensable d'assurer la retraite.

Cela fait, on procède à l'organisation défensive d'après les règles suivantes :

Détruire dans une zone de 400 mètres tous les obstacles qui pourraient abriter l'assaillant; repérer dans cette zone, au moyen de piquets coiffés de paille, les distances jusqu'à 200 mètres pour qu'on puisse régler exactement les hausses.

Se débarrasser des matières inflammables; recouvrir la toiture d'une épaisse couche de terre ou de fumier mouillé TT' (*fig.* 81); si on a le temps de la démolir, la remplacer par un remblai de terre (de 1 mètre au moins), amoncelé sur le plancher du grenier; la charpente sera utilisée pour la défense intérieure.

Maçonner les ouvertures du rez-de-chaussée, sinon les boucher avec des moellons, des briques, des sacs à terre ou des *volets artificiels*, formés de planches juxtaposées sur $0^m,08$ ou $0^m,10$ d'épaisseur, et consolidées au moyen de deux traverses réunies obliquement par une écharpe.

Percer des créneaux à $1^m,70$ ou 2 mètres au-dessus du sol et disposer une banquette intérieure. Lorsqu'on peut disposer un fossé

Figure 80.

autour de la maison, pratiquer d'autres créneaux dans l'intervalle des premiers, à $0^m,35$ au-dessus du sol.

Boucher le soupirail des caves, quand leur disposition ne permet pas d'y placer des tireurs.

Barricader les portes que l'on conserve avec des madriers, des pierres, des meubles et des matelas roulés; si l'on ménage un poste de sortie P l'entourer d'un tambour de palanque PP' qui servira au flanquement. Rompre l'escalier, dont les matériaux seront utilisés; on communiquera d'un étage à l'autre à l'aide d'échelles mobiles.

Aux étages supérieurs, boucher les fenêtres au moins jusqu'à

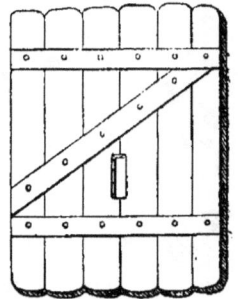

2 mètres du plancher, percer les créneaux disposés alternativement avec ceux qui sont au-dessous; pratiquer des ouvertures dans le plancher O pour tirer verticalement de haut en bas; faire des créneaux dans les murs de refend, préparer des matériaux pour barri-

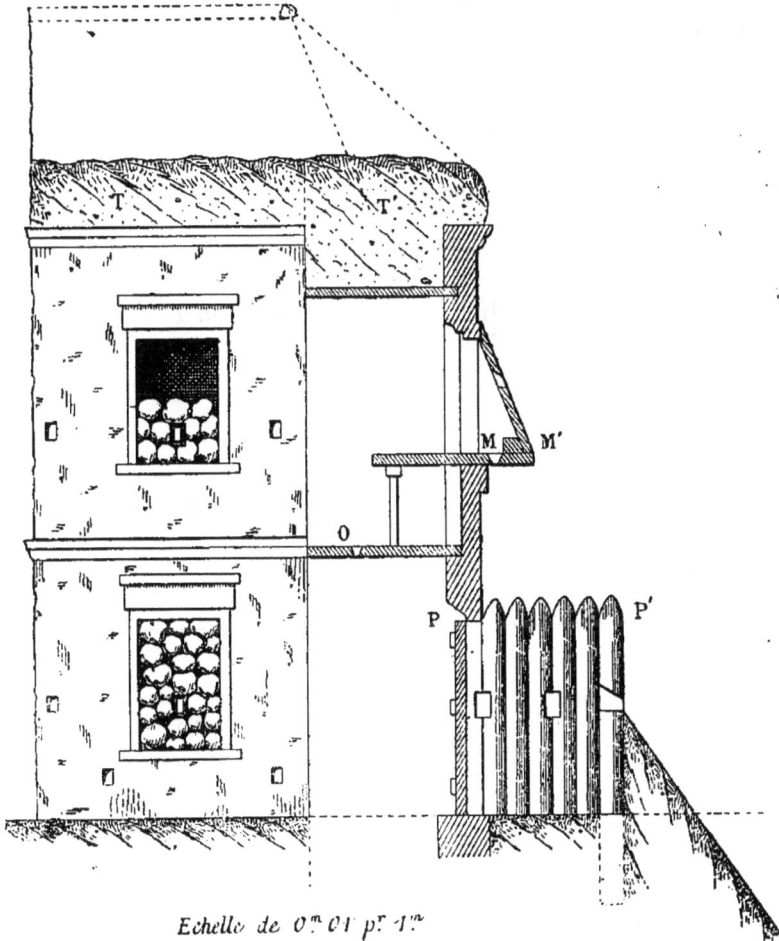

Echelle de 0ᵐ.01 pᵗ 1ᵐ.

Figure 81.

cader les portes en cas d'invasion de l'ennemi, afin qu'on puisse défendre successivement et pied à pied les chambres d'un même étage.

Pour mieux défendre la principale entrée, disposer au premier étage un *balcon artificiel* avec des madriers jointifs, appuyés sur l'appui de une ou plusieurs fenêtres, de manière à former un mâchicoulis M M', dépassant le mur de 0ᵐ,40.

Ménager des appels d'air pour que la fumée se dissipe.

Les caves sont disposées en magasins à munitions et en ambulance. Si elles sont suffisamment vastes, si leur accès est facile, on pourra y abriter une partie de la garnison pendant le feu d'artillerie qui précède l'attaque.

Répartir un peu partout des baquets pleins d'eau, des amas de sable; disposer aux endroits sûrs des armes de rechange et des munitions de réserve.

RÉPARTITION DES DÉFENSEURS. — Chaque partie de la maison aura ses défenseurs et son chef; le poste de combat et la tâche de chacun seront nettement marqués. Les uns, *tirailleurs*, garniront les créneaux; les autres, *travailleurs,* feront les réparations nécessaires pendant l'action, éteindront les incendies partiels, transporteront les matériaux et les munitions. Une *réserve* sera conservée pour remplacer les blessés, pour renforcer les travailleurs ou pour faire des sorties sur le flanc de l'assaillant.

Si l'ennemi a de l'artillerie et si l'on dispose du temps nécessaire, on élève autour de la maison fortifiée un retranchement avec parapet et fossé dont la maison formera le réduit.

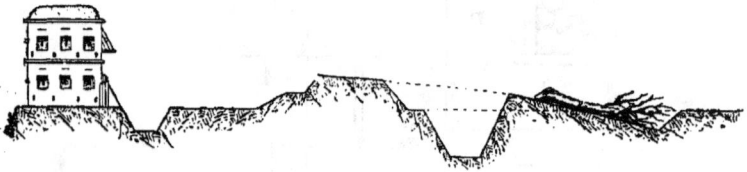

Echelle de 0ᵐ 01ᶜ pʳ 6ᵐ 00
Figure 82.

Lorsque la maison est entourée d'un mur de clôture, le mur, organisé comme nous l'avons dit, forme la défense principale et la maison le réduit.

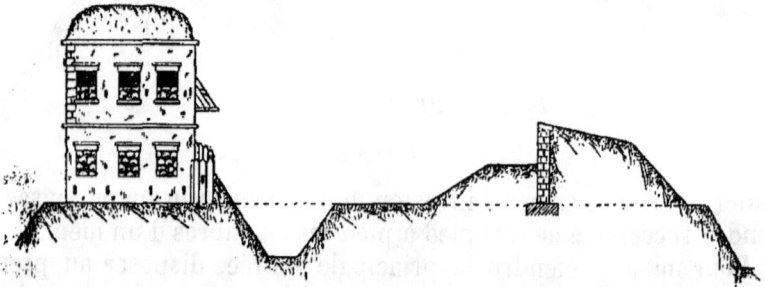

Echelle de 0ᵐ 01ᶜ pʳ 3ᵐ
Figure 83.

Dans ces conditions, une très-petite garnison, composée de bons tireurs et commandée par un chef énergique, ne comptant pour rien le sacrifice de sa vie, ne pourra être forcée que par le canon et par l'incendie.

Les abatis disposés en avant du fossé, le fossé, le parapet, seront autant de lignes successives qu'on défendra pied à pied ; la maison sera disputée étage par étage ; on ménagera les munitions en ne tirant qu'à coup sûr, et, jusqu'au dernier moment, un courageux effort pourra faire regagner le terrain perdu.

FERME OU CHATEAU.

Quand il s'agit d'une ferme ou d'un château, c'est-à-dire d'un groupe d'habitations avec une ou plusieurs cours intérieures, entouré de jardins et de vergers, clos de murs, auquel conduisent des avenues, on calcule les travaux de défense et l'étendue de la position à fortifier d'après le temps et le nombre d'hommes dont on dispose. Cette défense consiste à établir concentriquement une série d'enceintes successives, séparées pas des espaces libres, en disposant au centre ou en arrière un corps de bâtiment fortifié pour servir de réduit.

1re ENCEINTE. — Former la 1re enceinte avec les haies et les murs les plus avancés, organisés défensivement, et réunis entre eux par des épaulements ou des palissades (*fig.* 84).

Creuser, en arrière des clôtures, des tranchées qui garantiront les défenseurs contre les projectiles, jusqu'au moment où l'assaillant se montrera à bonne portée. Des sentinelles placées de distance en distance, derrière les épaulements, surveilleront tous les mouvements de l'ennemi.

Toutes les parties de l'enceinte seront flanquées, soit par la disposition même des clôtures, soit par des blockaus et des tambours en palanques.

Disposer en avant des abatis et des haies de fil de fer, de manière à arrêter l'assaillant sous le feu des défenseurs ; pour éviter les surprises pendant la nuit, *attacher des sonnettes* à quelques-uns de ces fils de fer placés très-près de terre, de façon qu'un tirailleur ennemi vienne le heurter et donner l'éveil.

Barricader les avenues en ménageant une ou plusieurs portes de sortie ; préparer les matériaux nécessaires pour boucher au besoin ces dernières. On pourrait employer un arbre retenu par des cordes au-dessus de l'entrée, de manière qu'il n'y ait plus qu'à couper les cordes pour que la chute de l'arbre embarrassât le passage.

Déblayer le terrain en abattant, à 400 mètres en avant de l'enceinte, les haies, les murs, les maisonnettes et les arbres. Le moindre obstacle peut être fatal à la défense ; le 30 octobre 1870, à l'attaque du Bourget par les Allemands, une rangée de tas de fu-

mier, devant le flanc nord-est du village, servit d'abri à une compagnie prussienne tout entière qui put ouvrir de là un feu destructeur
sur les sorties des Français.

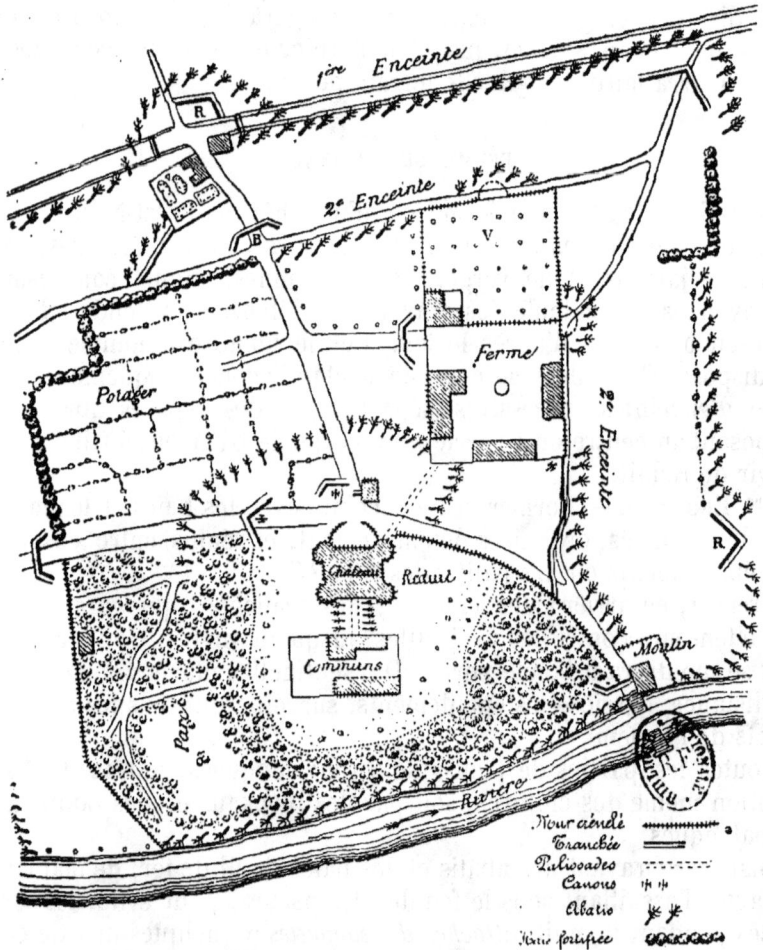

Échelle de 0ᵐ,001 pour 4 mètres.

Figure 84.

2ᵉ ENCEINTE. — La 2ᵉ enceinte est le périmètre des murs et des
bâtiments organisés défensivement; les avenues sont coupées par
des barricades ou par des fossés précédés d'abatis; c'est derrière
ces barricades, aux points les plus importants, que l'on répartit
l'artillerie de la défense; on applique alors à leur construction les
règles données pour le tracé et le profilement des batteries, en ayant
soin de ménager des abris pour les servants et pour les munitions.

Le champ de tir des pièces doit être aussi vaste que possible. De larges communications sont conservées en arrière.

Les combles des bâtiments voisins de la batterie seront occupés par quelques bons tireurs, afin de riposter au feu que les tirailleurs ennemis ne manqueront pas de diriger contre les servants.

Ces batteries ne devront d'ailleurs révéler leur présence que le plus tard possible; sans cela, elles serviraient d'objectif à l'artillerie ennemie, et, resserrées comme elles le sont entre des murs et des bâtiments, elles seraient facilement réduites au silence. Pour le même motif, on ne devra laisser que très-peu de monde aux environs des batteries de la défense.

On ne conserve autant que possible qu'une seule entrée B, placée dans un rentrant et bien flanquée. Des tranchées tracées avec soin et défilées établissent les communications avec la 1re ligne; des ouvertures sont percées dans les murs des cours et jardins pour permettre le passage.

RÉDUIT. — Le logis principal, celui qui a les meilleures murailles et qui est le mieux placé pour dominer la position et recueillir la garnison des deux enceintes, si elle était forcée de se replier, sera fortifiée comme la maison isolée; on n'y épargnera ni les matériaux, ni le travail, ni les précautions contre l'incendie. Ce réduit sera relié aux bâtiments voisins par une tranchée ou par des palissades.

Il est très-important de laisser ignorer aux assaillants la situation du réduit; sans cela il serait le but principal de l'artillerie ennemie, dans la canonnade qui précédera toujours l'attaque de l'infanterie, et la défense verrait détruire, en premier lieu, sa citadelle, sa réserve et ses derniers moyens de résistance.

Les Allemands, qui ont fait, de l'organisation défensive des fermes et des châteaux une étude très-sérieuse (qui leur a particulièrement réussi dans le siége de Paris), ont toujours établi leur réduit dans un endroit mystérieux, dont l'assaillant ne soupçonnait l'existence qu'au moment où, rompu et épuisé par l'assaut livré aux enceintes précédentes, il se trouvait tout à coup devant des défenses intactes, plus formidables encore et gardées par des troupes d'élite ayant la supériorité du sang-froid et du tir ajusté.

DEVOIRS DU CHEF. — Répartir la garnison entre les diverses enceintes, la diviser en tirailleurs, travailleurs et réserve. Donner des instructions précises pour l'engagement, pour la retraite successive sur le réduit; saisir le moment favorable pour un retour offensif, pour une sortie de la réserve contre le flanc de l'assaillant; abriter les magasins et l'ambulance; se prémunir contre l'incendie, l'éteindre à tout prix aussitôt qu'il commence; faire partager à tous la *volonté d'une défense à outrance;* tels sont les devoirs du chef, quelle que soit l'importance du poste; la défense dépend de son esprit d'initiative, de son intelligence et de sa fermeté.

C'est aux 600 hommes de la garde anglaise qui défendaient la ferme de Goumont, que Wellington dut en partie la victoire de Waterloo.

Si l'on ne devait opposer qu'une faible et molle résistance, ces défenses accumulées tourneraient au profit de l'ennemi lorsqu'il s'en serait rendu maître.

VILLAGE.

Dans presque toutes les batailles, les villages sont l'objet de combats meurtriers et décisifs; ils défendent le front ou les flancs des positions[1], ils masquent les évolutions qui se font en arrière, et servent de points d'appui pour les mouvements offensifs.

RECONNAISSANCE. — C'est surtout dans la défense des villages qu'il importe de proportionner les travaux au temps et aux troupes dont on dispose, de ne rien entreprendre d'inutile, et de procéder méthodiquement dans l'organisation défensive.

Un village isolé ne doit être fortifié que dans le cas où il est impossible de l'attaquer de tous les côtés à la fois. S'il y avait à bonne portée une position dominante, il suffirait d'établir une redoute sur cette position pour empêcher l'ennemi de pénétrer dans le village ou de s'y maintenir.

Napoléon, à Austerlitz, appuya son aile gauche au mamelon du Santon, qui dominait le village de Dwaroschna, sans faire occuper ce village; les Russes essayèrent en vain de s'établir dans Dwaroschna, l'artillerie du Santon les en délogea.

Lorsqu'un village est dans une position qui lui permet de tenir contre l'artillerie, lorsque sa conservation est indispensable et qu'il est l'enjeu de la bataille, comme Lambussart à Fleurus, comme Chlum à Sadowa, comme Saint-Privat à Gravelotte ou Villiers à Champigny, on organise la défense d'après les règles générales suivantes :

Établir trois enceintes qu'on défendra successivement : 1° *les clôtures ;* 2° *les groupes de maisons ;* 3° *le réduit.*

CLÔTURES EXTÉRIEURES. — Former une première enceinte continue; espacer les créneaux de mètre en mètre sur les points importants, ailleurs de 5 mètres en 5 mètres et même plus, comme nous l'avons dit pour la ferme ; barricader toutes les issues; conserver les routes perpendiculaires à la direction de cette enceinte, les barrer avec des coupures ou des flèches flanquées par des bâtiments ou des murs crénelés, sans interrompre toutefois les communications ; tracer cette

---

[1] Nous prenons pour exemple un village placé sur le flanc droit de la ligne de bataille.

première enceinte de manière que toutes ses parties soient bien flanquées; dégager le terrain en avant dans une large étendue, y disposer des défenses accessoires; repérer tous les points saillants de cette zone.

S'il y avait dans cette zone des maisons isolées faciles à défendre, les organiser en postes retranchés; occuper les bouquets de bois,

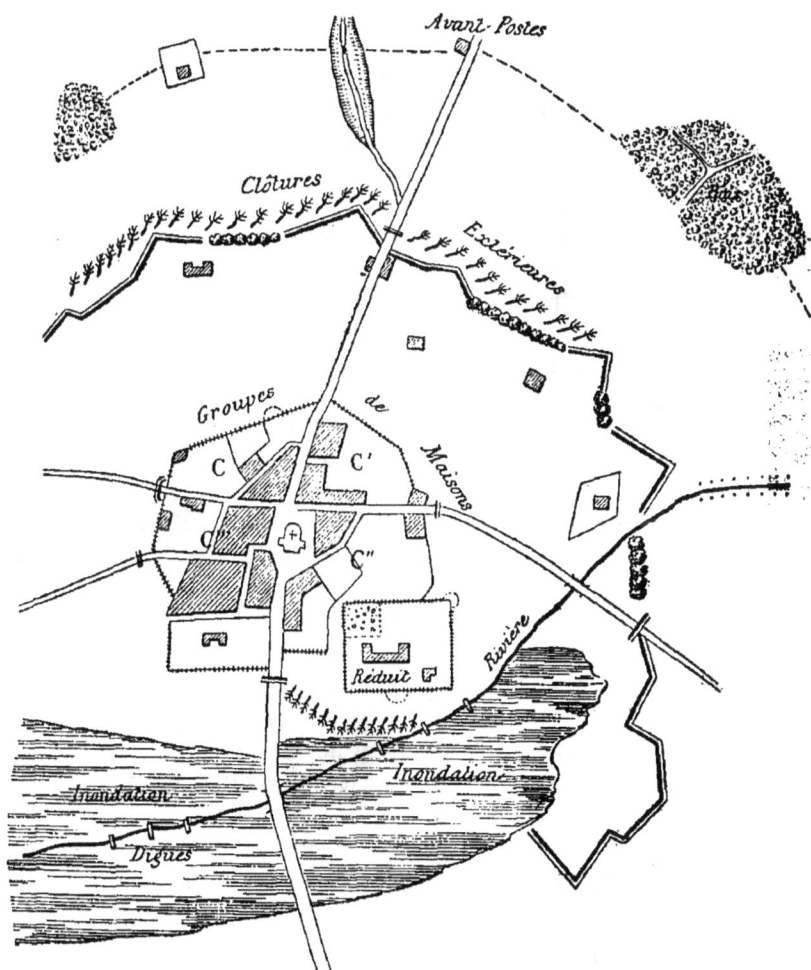

Échelle de 0m,001 pour 8 mètres.

Figure 85.

les chemins creux, les plis de terrain par de petits détachements, qui formeront les *avant-postes* des *grand'gardes* qui défendent la première enceinte.

Laisser un espace complétement libre entre la première et la deuxième ligne; à cet effet raser les murs et les haies, et, si l'on ne peut détruire les maisons, brûler les escaliers et les planchers.

GROUPES DE MAISONS. — Diviser les maisons du village en *cadres* ou *îlots* formant chacun une défense isolée, et ayant leur enceinte flanquée et crénelée, leur garnison, leur chef, leur réduit particulier. Éviter d'occuper les maisons extérieures trop exposées aux coups de l'artillerie; choisir, à l'abri des vues de l'ennemi, un groupe de maisons bien construites et le retrancher solidement.

De larges ouvertures seront percées dans les murs mitoyens; on communiquera d'une maison à une autre par les étages supérieurs. La ligne de retraite vers le réduit sera nettement marquée et reconnue.

Conserver, à l'intérieur de l'enceinte, de larges voies dégagées de tout obstacle, afin de faciliter les mouvements des troupes et du matériel, et d'éviter, au moment de l'attaque, les encombrements si dangereux et si meurtriers sous le feu de l'artillerie.

Les barricades qui barrent les avenues principales seront armées de canon et placées de préférence à 150 ou 200 mètres en arrière des coudes.

RÉDUIT. — Le choix du réduit sera la préoccupation capitale. D'ordinaire, on organise en réduit l'église, le château, la mairie ou la maison d'école, c'est-à-dire le bâtiment central, situé sur la place où aboutissent toutes les rues du village. Cette position centrale donne à la défense plus d'unité et de cohésion, mais elle offre plus de prise à l'artillerie ennemie; les tourelles du château, le clocher de l'église sont autant de buts faciles à atteindre et à détruire, car il n'y a plus de murs assez épais pour résister aux obus. S'il se trouve dans le village un bâtiment bien en vue, mieux vaut le transformer en ambulance, et planter au sommet le pavillon de Genève, afin que l'ennemi n'ait plus aucun prétexte pour bombarder des blessés et des mourants. *Le réduit sera établi dans l'enclos le mieux abrité;* il sera connu seulement des défenseurs, et solidement retranché, avec des issues bien dégagées, pour favoriser les sorties, l'entrée des secours ou la retraite.

Placé en arrière de la position, au milieu d'un espace libre, il restera indépendant des autres défenses; si bien que lorsque l'ennemi, après un combat acharné, croira être maître du village, il restera encore un point intact; ce point sera la ferme ou l'enclos organisé en réduit. Pendant que le réduit résistera, les secours arriveront, la lassitude se mettra dans les colonnes d'attaque, la nuit suspendra le combat, et le lendemain les conditions de la lutte seront changées, probablement au profit de la défense.

VILLAGES OCCUPÉS PAR LES ALLEMANDS AUTOUR DE PARIS.

Les Allemands avaient organisé les nombreux villages qu'ils occupaient autour de Paris d'après une méthode uniforme, qui leur a permis de résister à toutes les tentatives faites pour percer leurs lignes d'investissement.

« Les abords du village étaient faiblement défendus : une barricade à l'entrée de la route ; quelques petits postes tantôt dans un endroit, tantôt dans un autre, très-peu de maisons crénelées, presque tous les murs de clôture, au contraire, percés de créneaux ; enfin, au milieu ou sur les derrières du village, un petit parc isolé, soigneusement mis en état de défense comme réduit.

« Au moment de l'attaque, les petits postes, les sentinelles faisaient feu derrière leurs barricades, leurs murs, leurs maisons, et après avoir attiré sur ce point l'attention de l'artillerie française, ils se repliaient un peu en arrière dans la direction du réduit, assez masqué pour n'avoir rien à craindre du canon, suffisamment défendu pour qu'une troupe d'infanterie déjà désunie ne puisse le forcer.

« Dans toutes les actions, les premières maisons étaient facilement enlevées, le gros du village l'était souvent, mais il restait un point à enlever ; pendant qu'on tiraillait contre ce point, les réserves arrivaient et obligeaient les Français à la retraite.

« En résumé, les Allemands, dans la défense des villages, se sont strictement conformés à cette règle d'art militaire : *La résistance est établie en arrière du point à défendre* [1]. »

EMPLOI DES EAUX POUR LA DÉFENSE. — Si le village est traversé par un cours d'eau ou s'il s'en trouve suffisamment rapproché, on peut introduire de l'eau dans les fossés ou rendre inaccessible une partie de l'enceinte en *tendant une inondation*.

L'eau est considérée comme un obstacle suffisant lorsqu'elle atteint une profondeur de $1^m,70$; quand elle a moins de $0^m,50$ elle prend le nom de *blanc d'eau* ; on l'utilise en y pratiquant des trous-de-loup et des fossés, en y semant des chausse-trapes (assemblage de quatre gros clous réunis et soudés par leur tête), des piquets, des herses de laboureur. On obtient les inondations artificielles au moyen de *digues* ou *batardeaux* en terre ou en fascines, d'une hauteur de 4 mètres et d'une épaisseur de 3 mètres, dont les talus extérieurs sont à 1/1 et les talus intérieurs à 1/2. Ces digues sont construites en terre franche, sans pierres ni cailloux, pour éviter les infiltrations ; on les dame par couches horizontales, en leur donnant

---

[1] *Bulletin de la Réunion des officiers* du 11 mai 1872.

dans le sol un encaissement de 0ᵐ,40 ; elles doivent surpasser la surface de l'eau de 0ᵐ,30. On dispose des *déversoirs* pour que l'eau ne passe pas par-dessus la digue, dont elle dégraderait la plongée.

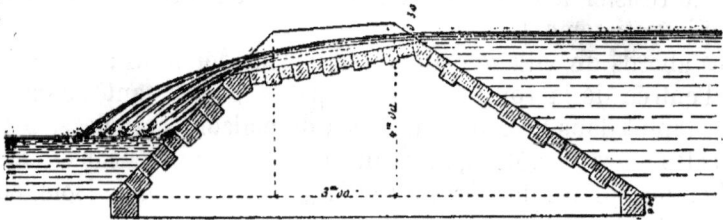

Figure 86.

Une petite rivière peut donner une inondation de 10 à 15 mètres de largeur, à l'aide de digues établies de 4 mètres en 4 mètres en travers de son lit. Lorsqu'il y a lieu de relever plusieurs barrages, on commence par celui d'amont.

Marais. — Les marais et les prairies humides sont rendus impraticables comme les blancs d'eau. On coupe les chaussées qui les traversent, et les terres provenant de ces coupures forment un parapet qui servira de défense, à la condition d'être flanqué par les retranchements en arrière.

Plan de défense. — Après qu'une reconnaissance attentive aura fixé l'officier, chargé de défendre un village, sur le plan de sa défense, il avisera au plus pressé, en procédant dans ses travaux de l'extérieur à l'intérieur : 1° couvrir le village le plus rapidement possible contre une attaque par surprise; 2° renforcer successivement les deux enceintes et le réduit.

La première enceinte, débordant la position et repliant ses ailes pour éviter les mouvements tournants, sera occupée par les *grand'- gardes*, à raison de 1 homme par créneau ou par mètre courant de retranchement. Les petits postes de ces grand'gardes occuperont les maisons isolées, les carrefours, et les plis de terrain placés dans la zone extérieure de 400 mètres.

La deuxième enceinte sera gardée par les *compagnies de soutien*. Le réduit sera désigné comme point de ralliement des grand'- gardes et des soutiens; il recevra une garnison spéciale.

Miner les points de rassemblement, les carrefours et le réduit afin de pouvoir les faire sauter à distance si l'ennemi s'en était emparé, et si on les avait évacués. Incendier les maisons qu'on est forcé d'abandonner sans retour, si l'on peut le faire sans danger pour le reste de la défense.

S'appliquer à tromper l'ennemi sur l'organisation défensive de la première enceinte, en faisant tirer quelques coups de fusil dans les parties qui ne sont pas occupées, afin d'y attirer l'effort de l'artillerie ennemie.

Avoir des communications en zig-zag et bien défilées, à travers les jardins, pour relier toutes les parties de la défense; les indiquer par des flèches tracées sur les murs, afin de faciliter la route à suivre, la marche des colonnes, la transmission des ordres, le transport des munitions et des blessés.

Les réserves seront tenues le plus en arrière possible, dans un endroit abrité, d'où elles pourront sortir facilement pour se porter aux points menacés.

La désignation rigoureuse des lignes à défendre et des troupes qui doivent les garder est le seul moyen d'assurer une résistance énergique et d'éviter l'encombrement et le désordre.

GUERRE DES RUES.

Toutes les règles données ci-dessus s'appliquent à la défense d'une ville ouverte ou des faubourgs d'une place de guerre.

Les barricades armées de canon, échelonnées en arrière les unes des autres et flanquées par des maisons crénelées à plusieurs étages, seront rarement attaquées de front.

L'assaillant ouvrira à droite et à gauche une communication de maison en maison pour pénétrer en arrière de la barricade, et prendre ses défenseurs à revers.

De petits postes bien commandés devront en conséquence être établis jusqu'à 30 ou 40 mètres en avant de la barricade; ils prêteront l'oreille au moindre bruit de pétard ou de pioche, tout prêts à fondre sur l'ennemi qui se présenterait inopinément.

De bons tireurs seront placés aux points dominants, afin d'observer les environs et d'empêcher l'artillerie ennemie de mettre en batterie devant la barricade. Les balcons en pierre ou en fer seront utilisés à cet effet, on les blindera avec des matelas, et au besoin on formera les créneaux avec deux ou trois épaisseurs de sacs de soldats.

II. — Organisation défensive des bois.

IMPORTANCE TACTIQUE. — Les guerres de la République et de l'Empire avaient donné aux bois une grande importance tactique (forêt d'Argonne, Forêt-Noire, bois de Hohenlinden, bois d'Iéna, taillis de la Moskowa, etc.). Cette importance s'est accrue encore pendant les campagnes de 1866 et de 1870-1871.

Les généraux allemands ont utilisé les bois pour couvrir leur front de bataille et pour masquer les mouvements de leurs colonnes.

Dans la plupart des actions de la dernière guerre, l'élan des troupes françaises s'est rompu devant les longues lignes noires de la forêt ou du bois voisin, qui cachaient un ennemi bien embusqué, bien muni d'artillerie, attendant, dans le calme et dans le silence, l'attaque impétueuse de nos tirailleurs en grande bande ou de nos escadrons.

Depuis Wissembourg jusqu'à Buzanval, les futaies, les bouquets de bois, les taillis et les parcs ont été savamment disposés d'après le même plan d'ensemble qui applique à la défense des bois les règles de l'organisation défensive des villages.

Dans les bois plus encore que dans les villages, les défenseurs se trouvent fractionnés par petits groupes presque indépendants les uns des autres; le chef de chacun de ces groupes a toujours un rôle difficile; il faut donc que chaque officier soit familiarisé avec les principes généraux du combat dans les bois.

RECONNAISSANCE. — Faire la reconnaissance d'un bois, c'est examiner ses abords, les positions qui le commandent, son étendue, sa nature; s'il est en futaie, en coupe réglée, ou en taillis; la forme de sa lisière, si elle présente des saillants ou des rentrants favorables au flanquement; sa constitution intérieure, ses fourrés, ses clairières, les routes, chemins et sentiers, les accidents du sol, les marais, étangs ou cours d'eau qui le traversent, si l'on peut tendre des inondations; les ponts, les gués, collines, ravins, escarpements, précipices, carrières, les bâtiments, manœuvrerie, maisons de garde, rendez-vous de chasse, fermes, châteaux, villages; les constructions extérieures pouvant abriter des avant-postes ou servir de points d'appui. C'est d'après cette reconnaissance qu'on arrête le plan de la défense.

LISIÈRE. — Déblayer le terrain à 400 mètres en avant de la lisière; repérer les points saillants, conserver comme postes avancés certains obstacles bien commandés, bien battus par la lisière.

Pour constituer fortement la lisière, former une ligne brisée, dont les divers éléments se flanqueront réciproquement; barricader le débouché des routes perpendiculaires à la lisière; aux endroits où les arbres ne présentent pas un abri suffisant, établir des épaulements ou des flèches donnant des feux flanquants sur les saillants et des feux croisés sur les accès.

Des fils de fer tendus entre les arbres jusqu'à hauteur d'homme, les fossés élargis et approfondis formeront la première enceinte.

Des ouvrages de campagne, du tracé le plus avantageux, seront armés d'artillerie, et répartis sur le front et les flancs de la lisière, de manière que l'assaillant ne puisse pas la tourner. Une ligne étroite d'abatis sera établie à peu de distance en avant de la lisière et parallèlement à son tracé, pour abriter les tirailleurs de la défense et arrêter l'assaillant sous le feu à petite portée.

Diviser la première enceinte en cadres C, C′, C″ limités par les chemins élargis et rendus bien praticables; chacun de ces cadres aura son organisation, son chef et ses défenseurs particuliers, comme nous l'avons dit pour le village; retrancher les bâtiments B, quand il y en a, pour qu'ils servent de réduits partiels, ménager de larges voies pour les communications et pour la retraite sur la deuxième ligne.

DEUXIÈME LIGNE. — La deuxième enceinte sera bien nettement séparée de la première par une large route, par une clairière[1], par

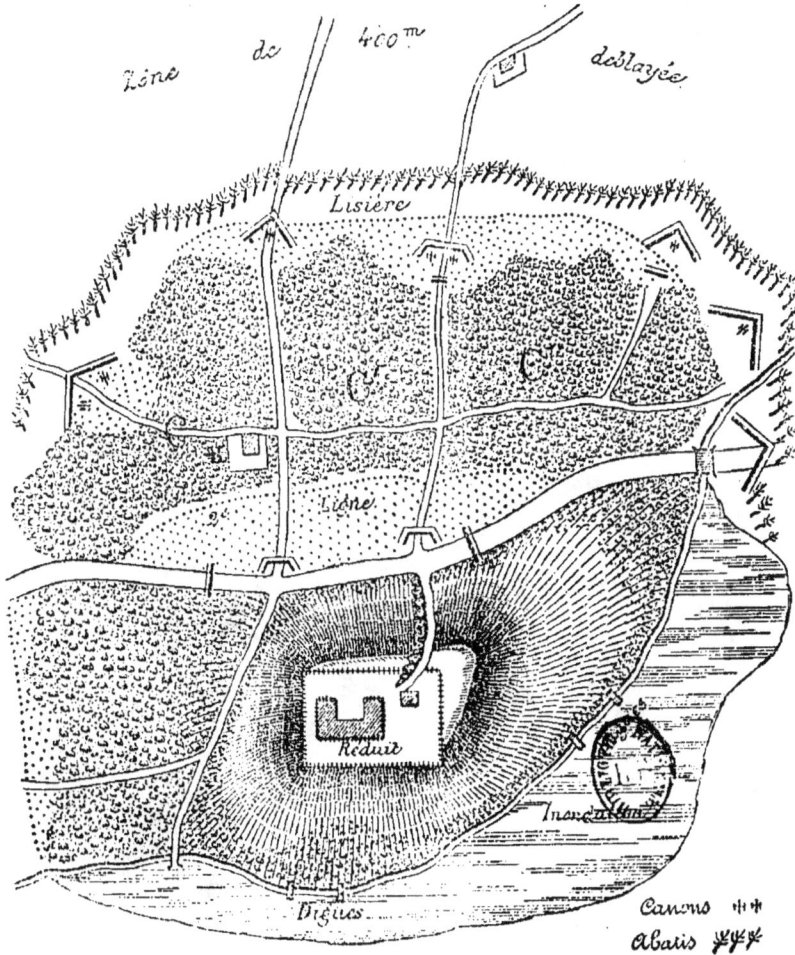

Figure 87.

---

[1] Afin de rendre plus frappante l'analogie qu'il y a entre la défense des bois et celle des villages, nous avons choisi un exemple semblable : un bois sur le flanc droit de la ligne de bataille, couvert en arrière par un ruisseau.

des abatis ou par une inondation partielle; elle sera organisée
d'après les mêmes principes, mais on n'usera qu'avec une grande
circonspection des abatis à l'intérieur de la forêt, pour ne pas
entraver les mouvements des défenseurs et ne pas préparer des
abris à l'assaillant.

La meilleure position serait celle qui commanderait la première
enceinte, tout en étant séparée par des marécages ou des ravins
escarpés.

Réduit. — S'il se trouve en arrière un mamelon, une ferme ou un
enclos qu'on puisse fortement retrancher, y établir le réduit. Les
arbres cacheront son emplacement, et il n'y aura plus autant d'inconvénient à lui donner une position centrale, surtout si cette position commande les deux enceintes.

BOIS OCCUPÉS PAR LES ALLEMANDS AUTOUR DE PARIS.

Les bois qui entourent Paris ont été savamment utilisés par l'état-
major allemand, pour dissimuler les défenses en arrière et concou-

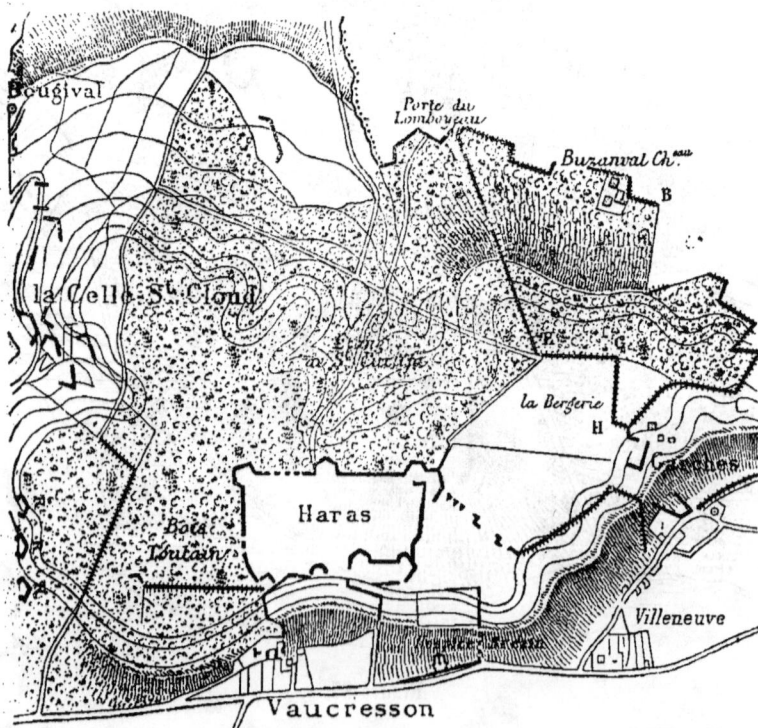

Échelle au 1/25,000.

Figure 88.

rir, avec les villages fortifiés, à rendre infranchissables leurs lignes de contrevallation.

Les bois qui couvrent les hauteurs de Saint-Cucufa, entre Bougival et La Celle-Saint-Cloud à l'ouest, Vaucresson et Villeneuve-l'Etang au sud, et Garches à l'est, ont arrêté la sortie tentée par l'armée de Paris, le 19 janvier 1871 (bataille de Buzanval).

La lisière nord-est est bordée d'un mur d'enceinte en ligne brisée, crénelé en grande partie, s'appuyant à droite au village de Garches fortement retranché, à gauche au ravin de Longboyau. Un grand mur en ligne droite AE, fermant le parc de Buzanval depuis la porte de Longboyau, monte obliquement les pentes du plateau de la Bergerie, pour s'y reployer à peu près à angle droit et former un grand angle saillant EGH, relié aux défenses de Garches.

Si l'on avait eu du canon pour faire brèche à ce mur, et si le centre des Français avait pu s'engager sur les rampes escarpées de Saint-Cucufa, les colonnes seraient venues se briser contre les défenses accumulées du Haras, qui formait, au centre, un vaste camp retranché commandant les débouchés de Saint-Cucufa, de Roquemont, de Garches et de La Celle-Saint-Cloud.

Ce camp retranché était flanqué, à l'ouest, par des murs crénelés et trois redoutes R, R, R, construites sous bois et fermées à la gorge par des palanques.

Si l'attaque française s'était dessinée entre Bougival et le ravin de Longboyau, les colonnes auraient trouvé devant elles le village fortifié de La Celle-Saint-Cloud, formant une enceinte demi-circulaire en arrière du plateau, et elles auraient été prises d'écharpe par le Haras.

RÉPARTITION DES TROUPES. — Les premiers abatis sont gardés par les meilleurs tireurs, placés deux à deux, autant que possible.

La lisière est défendue par des tirailleurs, à raison d'un homme par mètre courant. Les soutiens de ces tirailleurs, sont placés en arrière aux endroits les plus menacés (saillants, barricades), au débouché des chemins et sur les flancs, partout enfin où ils peuvent fournir des feux efficaces. Ces soutiens, par des sentiers reconnus d'avance, se porteront en groupes au-devant de l'assaillant ou sur son flanc, passant ainsi à la *défense offensive*, qui est la meilleure.

La deuxième enceinte est gardée par les soutiens des grand'-gardes qui occupent la lisière. Ces troupes seront massées de préférence sur les points culminants, dans les clairières, aux extrémités de la ligne. Elles auront elles-mêmes des réserves prêtes à se porter promptement aux points menacés; ces réserves déroberont, autant que possible, leur présence à l'ennemi.

Si le bois est peu profond, une réserve unique sera placée en dehors du bois à la disposition du chef.

« La défense du bois de Maslowed par les Prussiens, pendant la bataille de Sadowa, est restée célèbre; 14 bataillons tinrent tête aux Autrichiens, qui y amenèrent jusqu'à 51 bataillons appuyés par le feu d'une nombreuse artillerie. Le général Franseky dut ce succès surtout à l'emploi incessant de petites réserves, qu'il sut toujours ménager et envoyer à propos. Il réussit ainsi à atténuer les inconvénients des combats partiels et morcelés, qui se trouvaient imposés par la nature des lieux [1]. »

III. — Destruction des obstacles.

Renverser les défenses accessoires des retranchements, faire brèche aux murs de clôture, cheminer à travers les maisons ou les démolir, retarder ou embarrasser la marche de l'ennemi en coupant les routes, en faisant sauter les ponts, en mettant hors de service les voies ferrées et leur matériel; d'autre part, réparer les dégâts causés par l'ennemi, rétablir les passages et les communications, construire les ponts de campagne : voilà autant de connaissances qui deviennent de plus en plus indispensables à la guerre.

Tous ces travaux sont confiés aux troupes du génie, qui s'en acquittent avec une science et un dévouement au delà de tout éloge; mais, comme on leur adjoint le plus souvent des travailleurs d'infanterie, comme l'infanterie se trouve quelquefois forcée d'agir isolément, et que certaines de ces opérations rentrent dans les attributions de la cavalerie légère, il est indispensable qu'à défaut d'une instruction pratique sérieuse, tous les officiers, sans exception, et même les sous-officiers, en aient quelques notions.

MOYENS EMPLOYÉS.

On emploie les *outils* de charpentier, de mineur et de terrassier, la *poudre de guerre* en sac et en pétard et la *dynamite*.

PÉTARD D'ARTILLERIE. — C'est une boîte cubique en bois de chêne de $0^m,02$ d'épaisseur, ayant extérieurement $0^m,21$ de côté; sur le milieu d'une des faces latérales, un trou est percé pour recevoir une fusée à bombe; le couvercle, de $0^m,25$ de côté, est fixé au moyen de vis en bois. On remplit cette boîte de 9 kilogrammes de poudre; poids total : $15^k,300$.

Figure 89.

Une corde entoure la boîte et forme, à la partie supérieure, deux

---

[1] PRÉVOST, *Conférence sur le rôle de la fortification passagère dans les combats.* — Paris, Dumaine, 1869.

boucles pour la porter et l'accrocher. Le pétard est placé contre l'obstacle à renverser du côté du couvercle, de manière que la fusée se trouve à la droite de l'homme qui le pose ; cet homme plante le clou ou la vis nécessaire, décoiffe la fusée, y met le feu et se retire lestement derrière un abri.

La *fusée à bombe*, bâton creux de bois dur rempli d'un mélange de pulvérin, de salpêtre et de soufre, brûle en 23 secondes.

Le pétard peut être remplacé par une bombe de 0^m,27 ou de 0^m,32, ou par un sac de 15 kilogrammes de poudre.

Le feu est communiqué à la bombe ou au sac de poudre à l'aide d'une fusée ; si l'on doit mettre le feu à distance, on ajoute à la fusée une mèche plus ou moins longue formée avec du *cordon à étoupilles*, du *cordeau porte-feu* ou de la *mèche anglaise de Bickford*.

Le *cordon à étoupilles* et le *cordeau porte-feu* ont une combustion très-rapide (100 mètres par seconde) ; celle de la *mèche de Bickford* est plus lente en même temps que très-régulière, 1 mètre par 90 secondes.

On augmente considérablement les effets du pétard, de la bombe ou du sac de poudre en les contre-buttant avec des sacs à terre, ou en les recouvrant de planches croisées.

DYNAMITE [1]. — On a fait usage, pendant les deux siéges de Paris, d'une poudre forte et brisante d'invention nouvelle, dont les *effets de rupture sont cinq fois supérieurs à ceux de la poudre ordinaire*. Cette poudre est la dynamite, mélange de *nitroglycérine*, huile explosive d'une grande puissance, avec une *substance absorbante* qui la retient et la rend plus maniable. Suivant la nature de cette substance, la dynamite est à base inerte ou à base active :

A base inerte, lorsqu'elle provient de l'absorption de la nitroglycérine par une matière non combustible, non explosive, comme la silice, la brique pilée, le charbon, l'alumine et le sucre ; la dynamite *normale*, adoptée par le génie militaire autrichien, est à base de silice, et contient 75 p. 0/0 de nitroglycérine ;

A base active, lorsque la nitroglycérine est absorbée par une matière active elle-même, comme la poudre de guerre, le salpêtre ou l'azotate de potasse. Le type de cette dynamite est le *lithofracteur*, invention prussienne, qui donne lieu à des effets de détente et de projection supérieurs à ceux de la dynamite siliceuse, mais qui produit moins d'effets brisants. Après l'armistice de janvier 1871, l'armée allemande s'est servi du lithofracteur pour rompre les canons en fonte qu'elle ne voulait pas emporter.

---

[1] Consulter le numéro 20 du *Mémorial de l'officier du génie* (capitaine FRITSCH).

La puissance relative et la facilité d'explosion des dynamites sont proportionnelles au poids de nitroglycérine qu'elles renferment.

La dynamite normale est livrée, par le commerce, en cartouches cylindriques de dimensions variables, enveloppées dans du papier-parchemin ou dans un cylindre métallique; sa densité est d'environ 1,5; sa consistance est molle jusqu'à 8 degrés; au-dessous de 8 degrés, elle devient dure en se congelant.

La dynamite *gelée* a les mêmes propriétés que la dynamite *molle*, mais il faut une action plus énergique pour que ces propriétés se développent.

Pour le transport, les cartouches, réunies en paquets de 2 à 3 kilogrammes, sont rangées dans des boîtes de sapin coltarisées intérieurement; la boîte pleine pèse de 20 à 25 kilogrammes. Pour atténuer les chocs et mettre la dynamite à l'abri du froid, on entoure les cartouches de sciure de bois.

La dynamite *fuse* au contact d'un corps en ignition, *s'enflamme* au contact d'une flamme, et ne détone pas sous le choc, à moins qu'elle ne se trouve entre deux métaux ou que le choc ne produise une grande élévation de température; une balle ne la fait pas toujours éclater; à Buzanval on ne réussit pas à déterminer l'explosion en tirant, à petite portée, des coups de fusil sur un saucisson en toile contenant de la dynamite.

L'explosion d'une amorce fulminante détermine son explosion.

Tous les procédés employés pour mettre le feu à la poudre ordinaire s'appliquent à la dynamite, pourvu qu'on se serve de l'intermédiaire d'une capsule au fulminate de mercure.

L'industrie fabrique des *cartouches-amorces* du poids de 120 grammes (elles se distinguent à leur enveloppe rouge): celles du génie autrichien sont chargées avec du *coton-poudre*, et produisent l'explosion de la dynamite même lorsqu'elle est gelée. Pour faire détoner plusieurs charges de dynamite en contact ou séparées par un très-faible intervalle, il suffit d'amorcer l'une d'elles, ce qui se fait en mettant une cartouche-amorce dans la boîte, le saucisson ou le paquet de cartouches, selon la nature de la charge.

En raison de ses propriétés brisantes, la dynamite n'exerce de grands effets que dans le voisinage immédiat du point d'explosion; *il est essentiel que la charge soit répartie sur toute la longueur de la ligne de rupture, et que le contact soit intime.*

La charge de dynamite est placée tout amorcée; on s'efforce de l'assujettir et de la recouvrir avec des sacs à terre ou des matériaux, afin d'augmenter les effets de l'explosion, puis on allume le cordeau porte-feu ou la mèche Bickford et l'on se retire à trente pas en arrière et sur le côté. Il résulte des expériences qu'il n'y a jamais de projection sur le côté, et que les débris sont presque toujours projetés en avant de la charge. Les colonnes d'assaut peuvent être tenues sans danger à quatre-vingts pas de distance du point d'explosion.

L'action toute locale de la dynamite permet de l'employer là où la poudre donnerait de trop grands effets pour le but à atteindre (ouverture d'embrasures, brèches, communications intérieures) ; sa puissance étant plus grande, il est plus facile de transporter les quantités nécessaires, et ce transport n'offre pas plus de danger que celui de la poudre ordinaire.

Une compagnie du génie pourra porter avec elle les moyens de rompre de grands ouvrages d'art en très-peu de temps et presque sans travail. Les reconnaissances de cavalerie, ou des éclaireurs faisant une pointe, pourront porter dans leurs gibernes tout ce qu'il faut pour détruire des rails et même un ponceau de chemin de fer.

DESTRUCTION DES DÉFENSES ACCESSOIRES.

Lorsque l'artillerie n'a pas ouvert aux colonnes d'attaque un passage assez large à travers les défenses accessoires, des sapeurs du génie accompagnent l'avant-garde, porteurs de haches, de scies à main, de pioches, de pétards et de sacs de poudre ou de cartouches de dynamite.

PALISSADES, FRAISES, BARRIÈRES. — Briser à la hache le liteau supérieur des palissades, arracher ou écarter les palis, creuser au pied des palissades un trou de 0m,50, y placer un sac de poudre de dix kilogrammes et mettre le feu.

Appuyer un sac de 15 à 20 kilogrammes contre la palissade, le contre-butter avec 3 ou 4 sacs à terre.

Pour augmenter la brèche, disposer au pied du mur deux sacs de 8 à 10 kilogrammes, à 1 mètre l'un de l'autre, et y mettre le feu simultanément.

On brise les fraises en plaçant les sacs à poudre dans l'angle qu'elles forment avec le talus d'escarpe.

Figure 90.

Les mêmes effets sont produits avec un saucisson de forte toile (de 0^m,52 de diamètre) contenant 2^k,650 de dynamite par mètre courant, placé librement au pied du palissadement ou dans l'angle des fraises. Pour les palis avec rondins intercalés, le saucisson doit contenir 5^k,340 de dynamite.

On renverse une barrière en suspendant la charge en son milieu, parallèlement à la fermeture.

PALANQUES, ABATAGE DES ARBRES. — Les palanques, les bois de charpente aussi bien que les gros arbres sur pied se coupent à la hache ou à la scie. Si le temps presse, si l'on veut préparer, par exemple, la chute presque instantanée d'un rideau d'arbres masquant une batterie, entourer l'arbre, à l'endroit de la rupture, avec un saucisson de dynamite (3 kilogrammes pour un diamètre de 0^m,30); bien assurer le contact.

DÉMOLITIONS.

RENVERSER UNE PORTE. — Pour l'ouvrir, tirer à bout portant un coup de fusil contre la serrure ; pour la briser, suspendre un pétard d'artillerie un peu au-dessus du milieu, ou bien poser contre la porte un sac à poudre de 30 kilogrammes.

BRÈCHES DANS LES MURS. — Un pétard éclatant au pied d'un mur de 0^m,60 produit une ouverture de 1^m,30 de largeur sur 0^m,90 de hauteur; un sac de 20 kilogrammes de poudre, butté avec des moellons, fait une brèche de 2 mètres de longueur sur 1^m,70 de hauteur.

Placer au pied du mur, de mètre en mètre, des saucissons chargés de 3^k,250 de dynamite, les bourrer légèrement avec des pierres ou des mottes de terre.

BAIES DE COMMUNICATION. — Entre deux maisons, on obtient une ouverture de forme déterminée, en entourant une partie du mur mitoyen d'un chapelet de cartouches de dynamite. L'effet de l'explosion ne s'étendant qu'à 0^m,25 ou 0^m,30 à droite ou à gauche, le plancher n'est pas endommagé; 60 cartouches (4 kilogrammes) suffisent pour une baie de 1^m,50

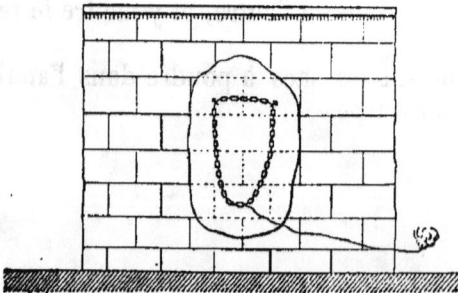

Figure 91.

de hauteur sur 1 mètre de largeur.

Si le mur à ouvrir est très-épais, on fait deux explosions successives, la première produisant seulement une excavation dans laquelle on loge la seconde charge.

DÉMOLIR UNE MAISON. — Y mettre le feu ;

Saper les appuis des fenêtres et les trumeaux, de manière à ne laisser que quelques piliers pour porter toute la maison, établir dans ces piliers des fourneaux de mine, c'est-à-dire des trous horizontaux de 0ᵐ,30 à 0ᵐ,40 de profondeur et de 0ᵐ,04 à 0ᵐ,05 de diamètre, destinés à contenir de la poudre ou de la dynamite.

Dans la nuit du 9 au 10 janvier 1871, on a rasé, devant Paris, deux maisons de garde-barrière en disposant au rez-de-chaussée 5 sacs de dynamite de 2ᵏ,500 auxquels on a mis le feu simultanément.

IV. — Destruction et rétablissement des communications.

DÉTRUIRE UNE ROUTE. — Faire sauter tous les ponts et aqueducs construits sur les cours d'eau qui traversent la route ; la couper par des tranchées, de préférence dans les parties basses, où le remblai arrêtera l'écoulement des eaux. En pays de montagne, détruire les talus ou les murs de soutènement des remblais ; faire sauter des rochers pour obstruer le passage, surtout dans les défilés.

COUPER UN PONT DE PIERRE. — 1° *En faisant sauter une arche ;* premier moyen : creuser, suivant la direction de la clef de voûte, une

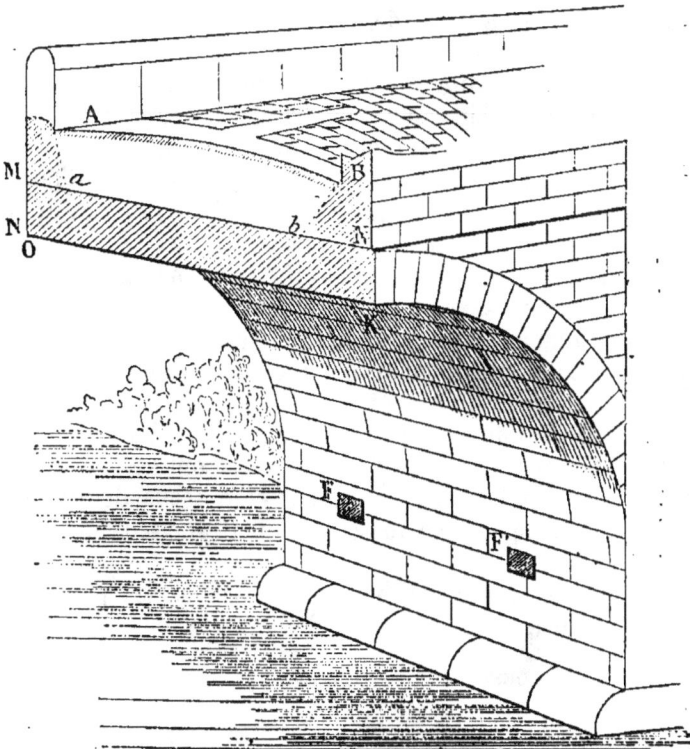

Figure 92.

tranchée AB *ab* de 0^m,50 de profondeur, dans laquelle on met 150 à 200 kilogrammes de poudre (*fig.* 92).

On peut creuser cette tranchée en forme de croix, et la prolonger jusqu'à l'*extrados* MN; mettre 75 kilogrammes de poudre dans chaque branche pour une épaisseur de voûte de 1 mètre.

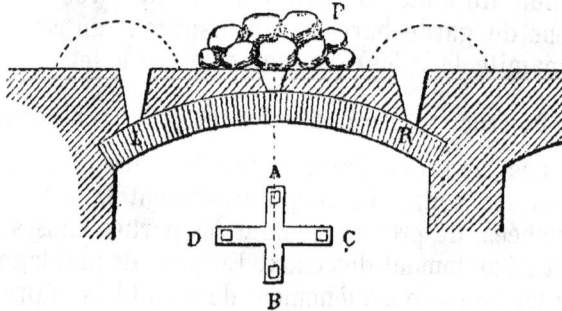

Figure 93.

On peut aussi établir les fourneaux vers les *naissances* de la voûte (L, R) (*fig.* 93).

Recouvrir la poudre de madriers chargés de terre ou de pierres.

Deuxième moyen : suspendre à l'*extrados* O K des barils de poudre, ou des boîtes de dynamite de 20 à 25 kilogrammes.

Troisième moyen : répartir la poudre en tas sur la voûte; trois tas de 100 kilogrammes chacun crèveront une voûte de 2 mètres à la clef.

2° *En renversant une pile;* si elle a de 1 mètre à 1^m,60 d'épaisseur, établir des fourneaux F F' chargés de 50 à 60 kilogrammes de poudre (*fig.* 92), mettre le feu en même temps.

Entourer la pile d'un gros saucisson de dynamite.

DÉTRUIRE UN PONT EN BOIS. — Suspendre des barils de poudre de 25 à 50 kilogrammes sous le tablier, de distance en distance; répartir sur le tablier des tas de poudre ou des saucissons de dynamite recouverts de madriers.

18 ou 20 kilogrammes de poudre dans une caisse en plomb détruisent, sous 3 mètres d'eau, une travée de pont de chevalets.

Pour brûler le pont, disposer dessus et dessous des fagots goudronnés, arroser le tablier de pétrole, mettre le feu simultanément sur tous les points.

Pour couler un pont de bateaux, détacher les poutrelles qui forment le tablier, et trouer le fond des bateaux.

DESTRUCTION D'UNE VOIE FERRÉE.

Couper la chaussée, faire sauter les ponts, produire l'éboulement des tunnels, détruire ou endommager le matériel roulant, les réservoirs d'eau, les plaques tournantes, les disques à signaux, les aiguilles ; enlever ou briser les rails et les traverses.

INSTALLATION DE LA VOIE. — La *voie* a de 8ᵐ,50 à 6ᵐ,80 de largeur lorsque la ligne est double, et de 3ᵐ,50 à 4ᵐ,50 lorsqu'elle est simple ; sa *plate-forme* (sol naturel) est couverte d'un lit de sable de 0ᵐ,25, appelé *ballast* ; on y enterre, perpendiculairement à l'axe de la voie, de mètre en mètre, des *traverses* de chêne, ayant 2ᵐ,50 de longueur sur 0ᵐ,30 d'épaisseur et 0ᵐ,25 de largeur ; les *rails* en fer de 6 mètres de longueur et du poids de 222 kilogrammes sont *à patins* (système Vignolle) ou *à double champignon ;* les premiers sont fixés, de distance en distance, aux traverses, au moyen de *tire-fond ;* les autres sont maintenus entre les mâchoires d'un coussinet en fonte reposant sur les traverses, par un coin en bois chassé de force au marteau (C).

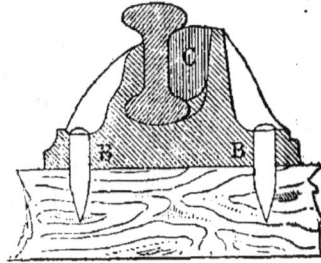

Deux rails consécutifs sont réunis avec des plaques en fer nommées *éclisses*, percées de trois trous, traversées par des *boulons* filetés, maintenus avec un *écrou* [1].

Figure 94.

DESTRUCTION DE LA VOIE. — Piocher le ballast pour découvrir les tire-fonds, les dévisser, chasser les coussinets, enlever les rails ; au besoin déterrer les madriers.

Pour enlever, en 10 heures, un kilomètre de voie simple, il suffit d'un détachement de 100 hommes pour des rails Vignolle, et de 60 hommes pour des rails à double champignon.

Il faut 45 wagons pour recevoir les rails, les traverses, les accessoires et les travailleurs.

Sur une ligne ennemie, on met hors de service les rails, en les plaçant au-dessus d'un bûcher fait avec les traverses recouvertes de ballast ; les jeter dans l'eau.

Avec la dynamite, on brise les rails de place en place en accolant verticalement des paquets de cartouches ou un saucisson de 3 kilogrammes.

« *Pour couper un remblai*, établir dans l'axe de la voie, à 3 mètres

---

[1] Capitaine ISSALÈNE, *Manuel pratique des chemins de fer.* — Paris, Gauthier-Villars, 1873.

de profondeur, deux ou trois fourneaux de mine d'environ 100 kilogrammes de poudre, à 3 ou 4 mètres de distance, et provoquer leur explosion simultanée.

« Pour démolir un tunnel, employer des fourneaux de 200 kilogrammes de poudre à 8 mètres de distance, enfoncés de 2 mètres dans la maçonnerie [1]. »

Pour mettre hors de service une locomotive, donner un coup de hache dans le conduit à vapeur placé sur le côté de la machine.

Déraillement. — Des cavaliers pourront préparer *un déraillement* en disposant sur les rails une ou plusieurs charges de dynamite amorcées, qui éclateront sous les roues au moment du passage du train ennemi ; l'endroit le mieux choisi pour le déraillement sera une courbe ou l'intérieur d'une tranchée.

RÉTABLIR LE PASSAGE.

Réparer une route. — Etablir un passage de 3m,50 à 4 mètres, suffisant pour une seule ligne de voitures.

Route coupée : si la route est coupée profondément, jeter un petit pont avec des troncs d'arbres, des fascines et des gabions, sinon combler le fossé avec des fagots, des pierres et du gravier.

Quand la coupure est inondée, remblayer jusqu'au niveau de l'eau avec plusieurs lits de fascines renforcées de terre grasse et de pierres, recouvrir avec des *fascines de route* de 3 mètres de longueur et de 0m,25 de diamètre. On agirait de même pour exhausser un gué.

Route barrée, par un éboulement ou par un massif de terre : ouvrir un passage de 2m,20, répandre les matériaux en avant et en arrière, de manière à former deux rampes en sens inverse inclinées de 0m,15 par mètre.

Route inondée : couper les barrages pour que l'eau s'écoule, dévier la route ou construire un pont sur gabions.

Route défoncée : combler les ornières profondes avec des fascines ou des branchages, qu'on recouvre de cailloux.

Franchir une arche rompue. — Rétablir le tablier, sur une largeur de 3m,50 à 4 mètres, avec des *corps d'arbres* recouverts de madriers et de rondins ; si les piliers ont un rebord, y

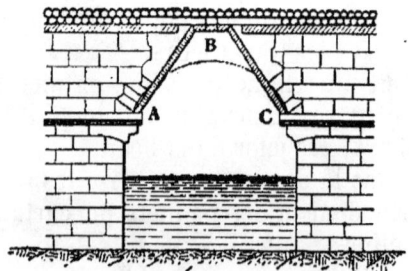

Figure 95.

appuyer les extrémités d'une *ferme* en charpente A B C. Trois pièces de chêne de 0^m,32 d'équarrissage et de 8 mètres de portée, suffisent pour porter de l'artillerie. Si l'arche est large ou s'il y en a

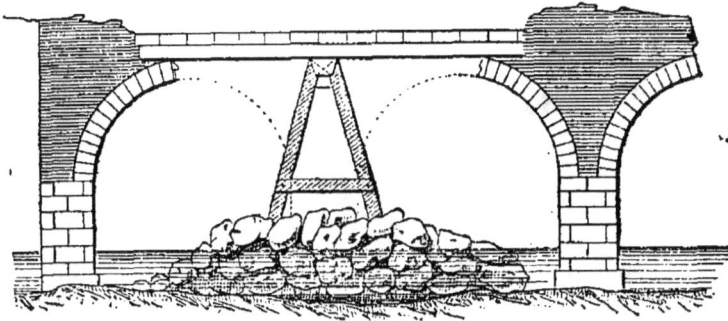

Figure 96.

deux de rompues, on se servira de chevalets supportés par des radeaux solidement amarrés aux piles, ou de grands chevalets reposant sur les décombres de l'autre ou sur le fond de la rivière.

RÉPARER UNE VOIE FERRÉE. — Ce que nous avons dit pour réparer une route, s'applique à la chaussée d'un chemin de fer. Le placement des traverses et des rails s'exécute d'après les règles données pour l'installation de la voie, en observant de laisser aux rails un écartement intérieur de 1^m,44. La réparation des travaux d'art appartient aux ingénieurs; mais des travailleurs d'infanterie pouvant y être employés, il faut que leurs officiers sachent quelle sorte de travaux ils auront à surveiller.

PONTS DE CAMPAGNE.

L'espèce de ponts à employer en campagne est indiquée par la disposition des cours d'eau et par les ressources du pays.

Les points les plus favorables à l'établissement d'un pont sont ceux où la rivière présente un rentrant, à cause du flanquement que les rives peuvent donner au retranchement formant tête de pont (*fig.* 24).

La rive sera choisie très-ferme et assez élevée pour donner un commandement sur la rive ennemie; le terrain en aval du pont devra offrir un espace suffisant pour le déploiement de troupes après le passage.

Profiter des îles, ne pas donner aux rampes d'accès une inclinaison plus grande que $\frac{1}{5}$.

DIFFÉRENTES ESPÈCES DE PONTS. CULÉE. — Tous les ponts continus sont tendus en ligne droite.

On construit d'abord la *culée*, ce qui consiste : 1° à aplanir la rive sur un alignement perpendiculaire à l'axe du pont, suivant le niveau déterminé par son élevation au-dessus de l'eau, et sur une largeur de 2ᵐ,50 de chaque côté du milieu du pont; 2° établir sur cet alignement le *corps mort* M, poutrelle de 3 à 4 mètres de longueur,

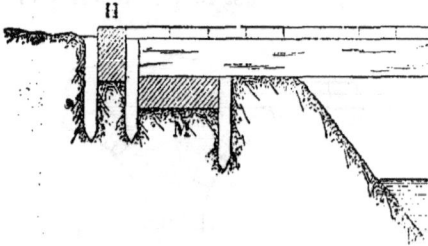

Figure 97.

maintenue par des piquets, qui doit supporter les poutrelles du tablier; 3° disposer en arrière et parallèlement au corps mort le *heurtoir* H, destiné à arrêter ces mêmes poutrelles.

Equipage de pont de l'artillerie : il se compose de bateaux de 9ᵐ,43 de longueur, de 1ᵐ,76 de largeur et de 0ᵐ,92 de hauteur, supportant un tablier de 3ᵐ,90 de largeur, formé de 8 poutrelles recouvertes de madriers jointifs. Les bateaux et les poutrelles sont transportés par des haquets, les agrès par des chariots. L'équipage est divisé en sections, de manière à pouvoir fournir des ponts de toute longueur jusqu'à 240 mètres.

Les ponts de radeaux ne s'emploient que lorsque la vitesse du courant est moindre de 2 mètres par seconde, et que les rives sont basses.

Ponts de pilots : profondeur maximum 3ᵐ,50, fond solide et pénétrable.

Ponts de cordages entre deux rives escarpées, distantes de 40 mètres au plus.

Entre deux rives très-rapprochées, on emploie des *fermes*, c'est-à-dire un système d'arbres croisés soutenus par des traverses horizontales, des jambes de force et des moises.

Sur une rivière peu profonde et peu rapide, des voitures peuvent servir de corps de support.

Sur un marais, on établit le pont en disposant horizontalement une ou plusieurs rangées de gabions vides; des fascines forment le tablier.

Les ponts volants et *les trailles* conviennent aux rivières rapides; les bacs, à celles d'un faible courant.

QUATRIÈME CONFÉRENCE.

I. — Fortification bastionnée.

ORIGINES.

Les ingénieurs italiens du xvᵉ siècle, en terminant en pointe les *boulevards* circulaires qui flanquaient l'enceinte des villes et des châteaux, tracèrent les premiers *bastions* (*fig.* 98).

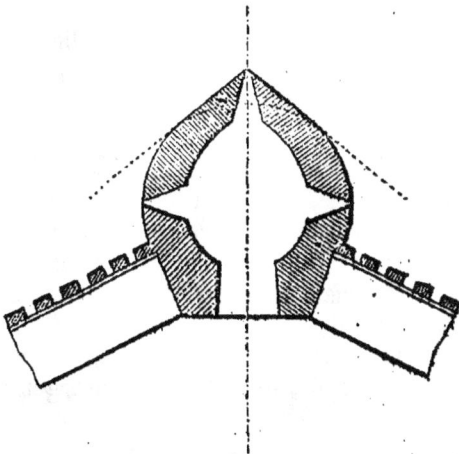

Figure 98.

L'Espagne, la Hollande et la France adoptèrent leur tracé, en le modifiant plus ou moins.

Partout on admit que la place à fortifier devait être comprise dans un polygone et que, sur chacun des côtés de ce polygone, il fallait construire un front bastionné.

Les flancs des bastions BC (*fig.* 99), arrondis à l'origine, devinrent perpendiculaires à la courtine CC', puis on recourba l'angle d'épaule, de manière à former le bastion à orillon A' B' C' qu'Emmanuel de Savoie, lieutenant de Charles-Quint, adopta pour l'enceinte d'Hesdin en 1554.

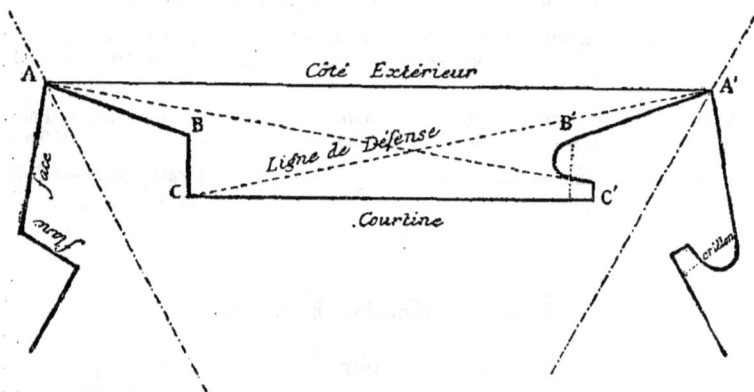

Figure 99.

Errard, de Bar-le-Duc, publia en 1594 le premier traité français de fortification; par ordre de Sully, il en appliqua les règles à la citadelle d'Amiens et à l'enceinte de Doullens.

Son système fut perfectionné par le chevalier de Ville (1629) (Calais, Montreuil-sur-Mer, citadelle de Verdun), et surtout par le comte de Pagan.

PAGAN. — Celui-ci, dans son traité de 1646, place les bastions aux points dominants de la position à fortifier; il les veut spacieux et ouverts, et dirige leurs flancs perpendiculairement aux lignes de défense, qu'il détermine au moyen de la perpendiculaire élevée sur le milieu du côté extérieur, comme nous l'avons dit dans la première conférence (*fig.* 28).

Basant la défense sur l'emploi du canon, Pagan construit des flancs à trois étages F, F (*fig.* 100), afin de faire converger sur les derniers travaux de l'assaillant le feu des 40 pièces dont il arme le bastion.

Il prescrit la construction de bastions intérieurs, *b, b'*, afin de prolonger la résistance au delà de la brèche, et il établit en **avant de** l'enceinte une série d'ouvrages nommés *dehors*, qui se soutiennent réciproquement, tout en étant dominés par les crêtes du **corps de place**. Ces dehors sont la *demi-lune*, redan dont les faces sont dirigées vers les angles d'épaule des bastions, et le *chemin couvert dont les places d'armes rentrantes G et saillantes S, S'* ménagent, entre la contrescarpe et le glacis, une première ligne de défense et des points de rassemblement pour les sorties de la garnison.

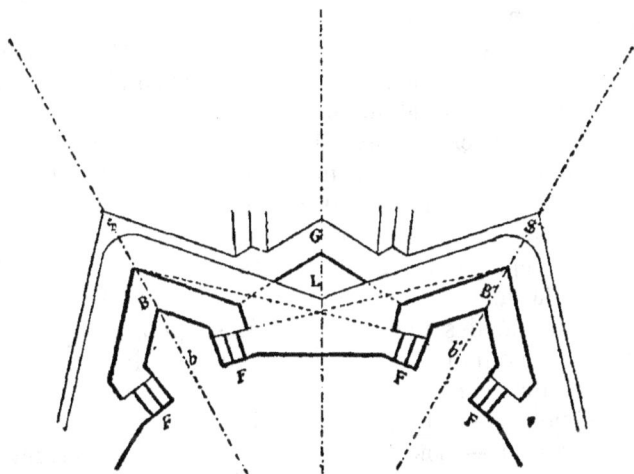

Échelle de 0.^m0025 p. 2^m

Figure 400.

(Selon l'usage adopté pour les plans de la fortification permanente, les traits de force du tracé indiquent la *magistrale*, c'est-à-dire la partie supérieure des maçonneries de l'escarpe et de la contrescarpe.)

L'escarpe revêtue en maçonnerie devait avoir un relief de 10 mètres au-dessus du fond du fossé.

Aucune place n'a été construite d'après ce système, auquel on peut reprocher de trop multiplier les maçonneries, de laisser sans flanquement le bastion intérieur et le fossé de la demi-lune ; mais on doit au comte de Pagan d'avoir déterminé avec précision les règles du tracé bastionné et d'avoir ouvert la voie glorieuse où, de son vivant déjà, s'engageait le génie de Vauban.

VAUBAN.

Sébastien Le Prestre de Vauban (1633-1717) assista à 53 siéges, construisit 33 places, en répara 300 ; on lui doit les *Traités de l'attaque et de la défense des places, de la fortification de campagne ou des camps retranchés*, et un grand nombre de mémoires sur les places fortes.

Vauban s'est surtout préoccupé *d'approprier la fortification au terrain, sans adopter de règle absolue et de type unique ;* il s'efforce d'obtenir des crêtes découvrant bien la campagne et se donnant réciproquement une forte protection.

Les ouvrages se commandent *d'arrière en avant*, pour que l'ennemi se trouve en présence d'obstacles de plus en plus puissants à mesure qu'il poursuit son attaque.

Le tracé des fronts change avec les sites, si bien qu'on rencontre souvent des différences sensibles même dans l'enceinte d'une place. « On ne fait pas de fortification avec des systèmes, disait Vauban, mais avec du bon sens et de l'expérience. »

Depuis 1667, époque de ses premiers travaux (Ath, Charleroi, Lille), jusqu'à la construction de l'enceinte de Neuf-Brisach, 1698, Vauban a appliqué des méthodes précises, qu'on a appelées ses *trois systèmes*. Il est important d'en connaître les détails, puisqu'on tient garnison dans les places de Vauban et qu'il peut nous être donné de défendre ces places et de les attaquer.

PREMIÈRE MÉTHODE. — CORPS DE PLACE. — Le tracé est fait intérieurement au polygone; le *côté extérieur* varie de 156 mètres (Mont-Royal) à 615 mètres (Maubeuge); la longueur de la *perpendiculaire*, qui détermine l'intersection des *lignes de défense*, est comprise entre 1/5 et 1/13 du côté extérieur; généralement elle est de 1/8 du côté extérieur pour le carré, de 1/7 pour le pentagone, de 1/6 pour l'hexagone et pour les polygones d'un plus grand nombre de côtés.

Bastions. — Les faces sont les 2/7 du côté extérieur; elles varient de 45 à 155 mètres; le flanc est la corde d'un arc de cercle, compris entre les lignes de défense, et décrit du saillant A comme centre avec un rayon égal à la distance A B de ce saillant à l'angle d'épaule B' opposé; la longueur de ces flancs varie de 18 à 50 mètres (*fig.* 101).

Vauban a employé l'*orillon arrondi* de de Ville dans un grand nombre de ses constructions (Maubeuge, Menin, Fribourg, Huningue, Longwy, Phalsbourg, Sarrelouis, fort de Kehl, citadelle de Strasbourg); il l'obtient en divisant BC en trois parties égales et en retirant les 2/3 inférieurs de 10 mètres en arrière, le flanc retiré O O' est tracé en arc de cercle.

L'orillon exigeait une grande dépense de maçonnerie, rétrécissait

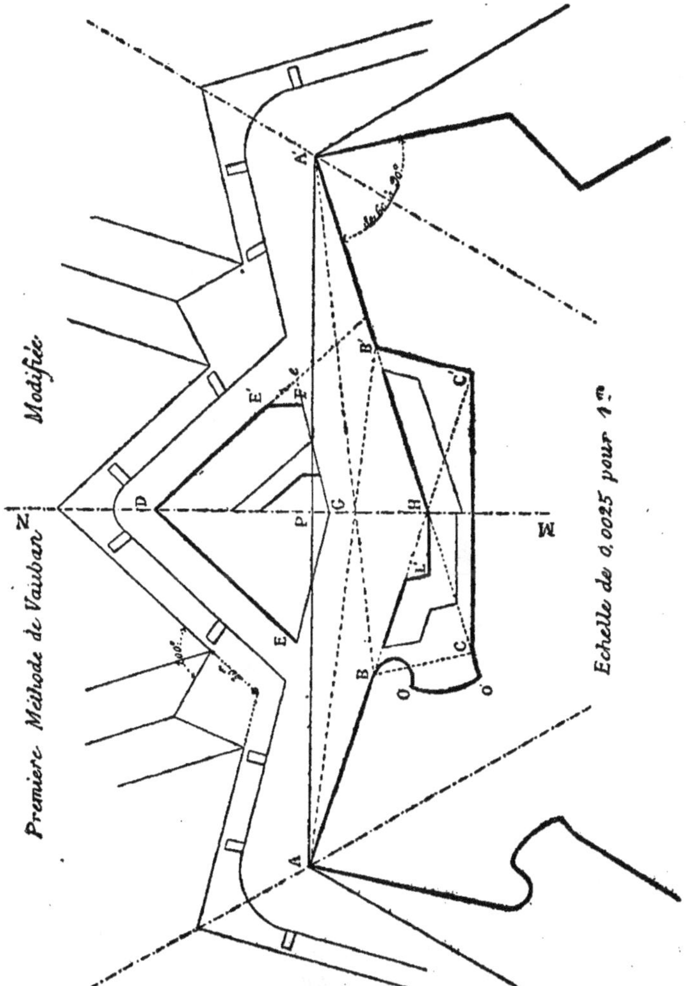

Première Méthode de Vauban

Modifiée.

Échelle de 0,0025 pour 1ᵐ

Figure 101.

le bastion, obstruait la gorge; aussi n'est-il pas toujours employé par Vauban, qui trace le flanc en ligne droite à la citadelle de Lille (1667), à Longwy et dans une partie de l'enceinte de Toulon (1679), aux deux forts Louis du Rhin (1686) et de Dunkerque (1694), enfin à Toul (1698).

Fossé. — Un arc de cercle de 30 à 36 mètres de rayon détermine, en avant du saillant du bastion, le tracé des contrescarpes qui se dirigent tangentiellement à ces arcs de cercle, vers l'angle d'épaule du bastion opposé ; elles se recoupent en G sur la capitale MN.

Dehors. — *La tenaille (fig.* 102), d'un faible relief au-dessus du fond du fossé, est placée à 10 mètres en avant de la courtine, pour la couvrir en même temps que les flancs ; elle a eu la forme d'un front bastionné, puis Vauban est revenu à la forme ordinaire. Un intervalle de 10 mètres est ménagé entre le flanc et l'extrémité de la tenaille.

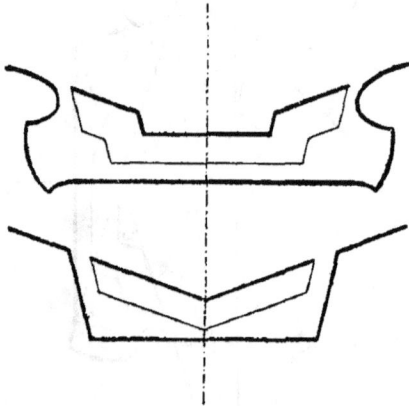

Figure 102.

Demi-lune. — La capitale de la demi-lune, DG (*fig.* 101), est comprise entre les 2/9 et les 2/7 de AA'; ses faces sont dirigées vers l'angle d'épaule, ou à 20 mètres en avant de cet angle ; en repliant l'extrémité des faces de la demi-lune sur une longueur de 20 mètres (E' e), on a un flanc E'F, destiné à battre la brèche faite à la face A' B' du bastion. Un fossé de 20 mètres longe la demi-lune.

Réduit de demi-lune. — Dans quelques demi-lunes, une lunette intérieure, avec un fossé de 10 mètres, forme un réduit terrassé et revêtu.

Chemin couvert. — Pour parer au danger du *tir à ricochet,* qu'il avait appliqué le premier à l'attaque de Philisbourg, en 1688, Vauban termina les places d'armes du chemin couvert par des *traverses* de 6 mètres d'épaisseur, tracées suivant le prolongement des faces de la place d'armes rentrante, ou des faces de l'ouvrage correspondant à la place d'armes saillante (*fig.* 101).

Le chemin couvert a 10 mètres de largeur, les places d'armes rentrantes ont 30 mètres de demigorge pris sur la ligne de feu; leurs faces font des angles de 100 degrés avec ligne de feu.

Un glacis raccorde la crête du chemin couvert avec la campagne et couvre la maçonnerie des escarpes.

PROFIL. — Le volume du déblai doit fournir la terre nécessaire aux parapets, aux terre-pleins, aux remblais des glacis, des banquettes et des traverses du chemin couvert. Le fossé doit être assez large pour ne pas être comblé par la brèche ; sa profondeur moyenne est de 6ᵐ,50.

Vauban emploie l'eau à la défense aussi souvent qu'il le peut, soit en la mettant dans les fossés (profondeur, 2 mètres au moins), soit en préparant des inondations qu'on tendra au moment du danger. La meilleure disposition consiste à avoir à volonté, au moyen de portes d'écluses, *des fossés alternativement secs ou pleins d'eau.*

La hauteur de l'escarpe en maçonnerie du corps de place est de 10 mètres en moyenne ; l'épaisseur du mur de revêtement est uniformément de 5 pieds (1ᵐ,66) au sommet ; la paroi intérieure est verticale, la paroi extérieure (le fruit) est inclinée au 1/5. Un *cordon en pierre* règne le long du sommet de l'escarpe (*fig.* 103).

Un *parapet* de 2ᵐ,50 de hauteur et de 6 mètres d'épaisseur s'élève au-dessus de cette escarpe avec une plongée du 1/9; quelquefois un petit mur crénelé, dit *mur de ronde*, relève le mur d'escarpe jusqu'au prolongement de la plongée du parapet; l'espace compris entre ce petit mur et le talus extérieur du parapet est le *chemin de ronde*.

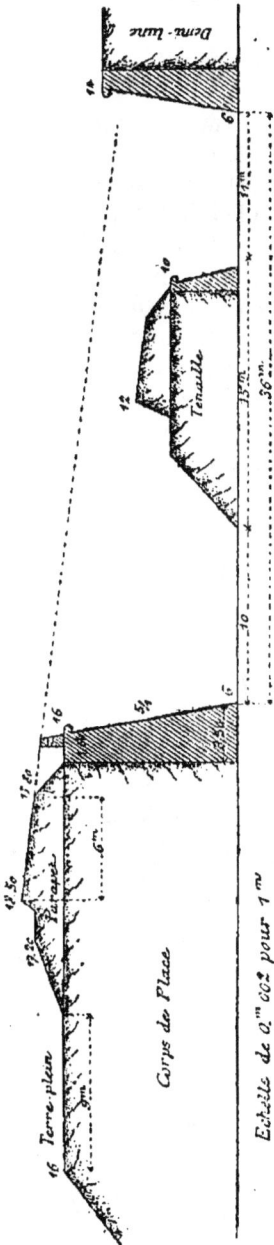

Figure 103.

Échelle de 0ᵐ,002 pour 1ᵐ

La banquette est à 1ᵐ,30 au-dessous de la ligne de feu ; au-dessous est le *terre-plein* de 9 mètres de largeur.

Le corps de place a un commandement de 2 mètres sur la demi-lune, qui a elle-même 2 mètres de commandement sur le chemin couvert. Le mur de revêtement de la contrescarpe a 1 mètre de largeur au sommet.

DEUXIÈME MÉTHODE. — TOURS BASTIONNÉES. — Vauban avait reconnu que le bastion était le point faible de l'enceinte et que sa prise entraînait la prise de la place, malgré la construction *des retranchements intérieurs*, fort difficiles à élever sous le feu de l'ennemi.

Pour rétablir l'équilibre, il créa une deuxième enceinte (a a') à 18 mètres en arrière de la première (*fig.* 104); cette deuxième enceinte est formée d'une longue courtine réunissant *deux tours bastionnées* (a et a') construites sur la capitale des bastions ; ceux-ci devinrent, dès lors des *bastions détachés*, ou contre-gardes C A B, B'A'C', qui formèrent avec la demi-lune L, munie d'un réduit R, et avec le chemin couvert M M M, les *ouvrages de combat*, ou les dehors, en arrière desquels l'enceinte continue, et ses tours casematées restent à l'abri des vues de l'ennemi.

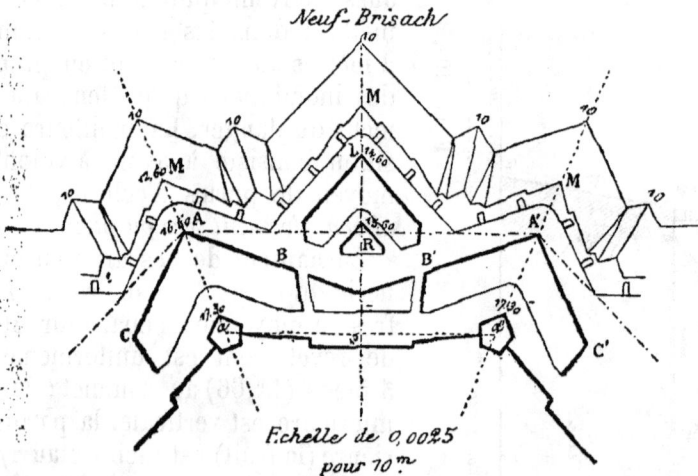

Figure 104.

Vauban faisait grand cas des feux couverts, à la condition qu'ils fussent absolument dérobés à l'artillerie ennemie; chaque tour (a a') a 0ᵐ,70 de commandement sur la crête de l'enceinte, le sol s'élève de 2 mètres au-dessus du fond du fossé ; elle est *casematée*, c'est-à-dire qu'elle renferme une chambre voûtée à l'épreuve de la bombe, pouvant recevoir deux pièces sur chaque flanc ; deux autres pièces, placées sur la plate-forme supérieure, complètent à quatre canons l'armement du flanc ; c'est la seule défense du fossé du corps de place. Cette méthode a été appliquée à Belfort en 1686 et à Landau en 1687.

A Neuf-Brisach, dont l'enceinte est un octogone régulier ayant 350 mètres de côté, Vauban, en 1698, remplaça la courtine en ligne droite de l'enceinte intérieure par un tracé bastionné construit sur une perpendiculaire de 10 mètres de longueur. Les flancs de ce tracé bastionné contiennent une casemate à deux embrasures, ce qui donne, avec l'artillerie de la tour bastionnée, huit pièces pour la défense du fossé. Le chemin couvert, garanti, de 30 mètres en 30 mètres, par des traverses de 3 mètres d'épaisseur, est relevé de manière à couvrir le cordon de l'escarpe. L'inclinaison du glacis est comprise entre 1/20 et 1/24.

Si le sol naturel est coté 10 mètres, les cotes du profil seront (*fig.* 104) :

Chemin couvert, M, 12^m,60 ;
Saillant de la demi-lune, L, 14^m,60 ;
Saillant de son réduit, R, 15^m,60 ;
Saillant du bastion détaché A, A', 16^m,60 ;
Plate-forme de la tour casematée a, a', 17^m,30.

Par des artifices de tracé, Vauban donnait ainsi à la fortification bastionnée les avantages de la *fortification tenaillée* que, longtemps après, Montalembert devait déclarer la seule capable d'une bonne défense contre l'artillerie.

INCONVÉNIENTS. — Les principaux reproches adressés à Vauban ont été ainsi résumés par Carnot, l'un des adversaires de la fortification bastionnée :

1º Communications insuffisantes et incommodes ;

2º Chemins couverts pas assez protégés pour qu'on puisse y faire une longue défense ;

3º Demi-lune trop petite pour couvrir *la trouée entre la tenaille et le flanc du bastion ;*

4º Talus extérieur des maçonneries trop doux (1/5) ;

5º Difficulté d'établir des retranchements intérieurs ;

6º La brèche peut être faite aux escarpes par des batteries éloignées ;

7º Difficulté de trouver, au moment du siège, la grande quantité de bois nécessaire aux palissadements et aux blindages ;

8º Fatigues excessives de la garnison pour mettre la place en état de défense ;

9º Le tracé bastionné ne donne pas de feux dans la direction des capitales ;

10º L'escarpe en maçonnerie entraîne dans sa chute le parapet qu'elle est chargée de soutenir, et cet éboulement rend la brèche plus accessible ;

11° Les remparts n'offrent *pas d'abris permanents* à l'artillerie ; ceux que l'on fait pendant le siége sont insuffisants et imparfaits ;

12° *Pas de casemates* souterraines pour protéger la garnison et les magasins contre le bombardement.

On peut ajouter que le fond des fossés ayant le même niveau, l'ennemi n'a pas de travaux à faire pour passer de l'un dans l'autre ;

Que la profondeur de tous ces ouvrages, qui se commandent d'arrière en avant, et cette série de hautes maçonneries rendent très-meurtrière l'occupation des fronts d'attaque ; en effet, les coups trop longs font des ravages en arrière des points battus par l'artillerie, et les obus percutants, en rencontrant une des escarpes, envoient leurs éclats frapper les défenseurs des ouvrages en avant.

Les modifications apportées aux travaux du grand maître par les ingénieurs de l'Ecole de Mézières (1748) et de l'Ecole de Metz n'ont pas réussi à détruire ce dernier inconvénient, contre lequel il n'y a qu'un remède : rétrécir le plus possible le front défensif, sans accumuler d'obstacles verticaux successifs.

SYSTÈME DE CORMONTAINGNE.

Les modifications apportées par Cormontaingne (1696-1752) à la première méthode de Vauban, et appliquées par lui aux doubles couronnes de Moselle et de Bellecroix, ainsi qu'au remaniement de l'enceinte de Metz, ont fait de son système l'expression la plus complète de l'école française.

Le côté extérieur AA' est compris entre 350 et 400 mètres.

La perpendiculaire est de 1/8, 1/7 ou 1/6 de AA', selon le nombre des côtés du polygone.

La courtine est 1/3 de A A' ainsi que la face du bastion ; le flanc du bastion a 40 mètres.

La tenaille a 14 mètres d'épaisseur ; son angle rentrant est remplacé par un pan coupé, tracé à 26 mètres en avant de la courtine (*fig.* 105).

Le fossé a 30 mètres au sommet du bastion.

On détermine le saillant de la demi-lune en prenant sur la capitale, à partir de P, une longueur de 96 mètres ; on dirige les faces à 30 mètres des angles d'épaule des bastions.

Les faces du réduit sont parallèles à celles de la demi-lune et à 30 mètres en arrière ; ce réduit a un fossé de 10 mètres, et des flancs de 10 mètres parallèles à la capitale du front.

Le fossé de la demi-lune est de 20 mètres.

Les contrescarpes du bastion sont raccordées, en capitale, par un pan coupé de 40 mètres.

La largeur du chemin couvert est de 10 mètres; ses places d'armes rentrantes ont 54 mètres de demi-gorge et 60 mètres de faces, elles ont un réduit permanent et terrassé de 40 mètres de demi-gorge, avec des faces de 36 mètres, précédées d'un fossé de 5 mètres; cette masse couvrante empêche de faire brèche à la courtine par la *trouée*

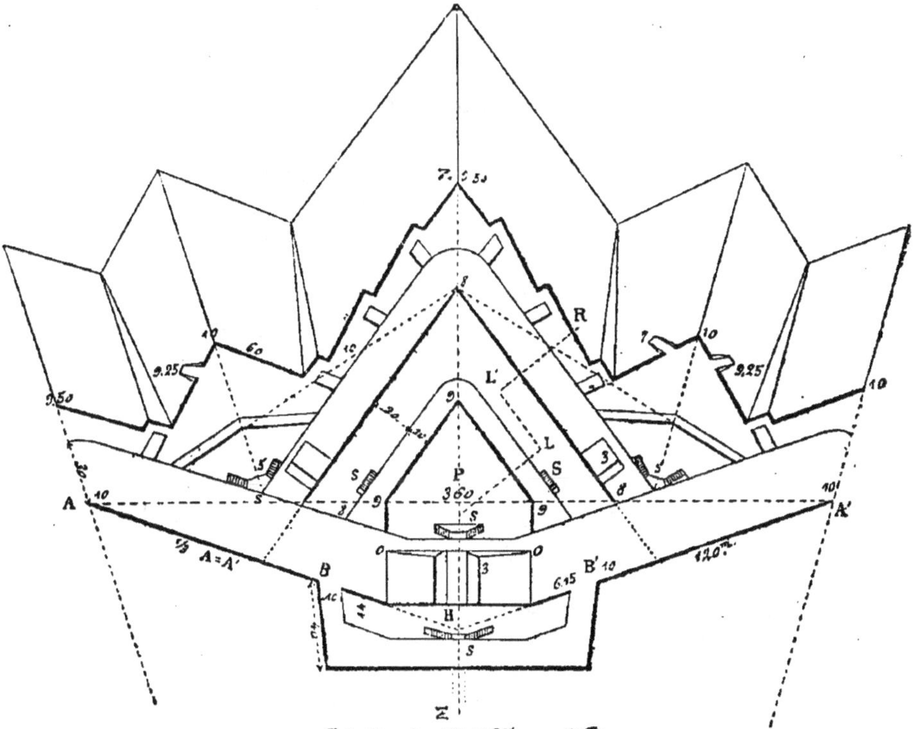

Échelle de 0.^m 0025 pour 10.^m

Figure 105.

qui existe entre l'aile de la tenaille et le flanc voisin; c'est, de plus, un obstacle au ricochet. Les crêtes du chemin couvert sont tracées en crémaillères; chaque *crochet*, correspondant aux trois traverses de la grande branche, a 3^m,50 de longueur; un passage de 2^m,50 est ménagé entre la crête et les traverses.

CONTRE-GARDE. — Lorsque l'angle du bastion est aigu, les saillants du bastion et de la demi-lune se trouvent à peu près sur une ligne droite, et l'ennemi peut donner l'assaut aux trois saillants à la fois; pour éviter ce danger, on place en avant du bastion une contre-garde ; c'est un redan dont les faces sont parallèles à celles du bastion ; on flanque la contre-garde à l'aide de petites demi-lunes.

PROFIL (*fig*. 106). — La muraille d'escarpe du corps de place a 10 mètres de hauteur ; son sommet, large de 1^m,85, fait une saillie de 0^m,20 et ménage au pied du parapet une berme de 0^m,50 ; le petit mur et le chemin de ronde sont supprimés. Des contre-forts sont établis de 5 mètres en 5 mètres pour résister à la poussée des terres.

L'épaisseur du parapet du corps de place est de 6 mètres, la plongée est à 1/9 et le talus extérieur à 1/1. La crête a un relief de 6^m,50 sur la campagne, un commandement de 4^m,50 sur le chemin couvert de la demi-lune, de 3^m,50 sur le chemin couvert du bastion, de 3 mètres sur les réduits de place d'armes, de 2 mètres sur la demi-lune et de 1^m,50 sur son réduit.

Le terre-plein, de 15 à 18 mètres de largeur, est incliné de 0^m,50 pour permettre l'écoulement des eaux ; un talus de raccordement aux 2/3 descend à la *rue du rempart*, qui a au moins 8 mètres de largeur.

Toutes les crêtes ont 2^m,50 de hauteur au-dessus du terre-plein correspondant.

Cormontaingue est le premier ingénieur qui se soit préoccupé du *défilement des crêtes ;* mais la méthode employée pour la détermination du *plan de site* a été enseignée par le général Meusnier, tué en défendant Mayence (1794).

La profondeur du fossé est de 6^m,60 pour le corps de place et la demi-lune ; elle est de 2^m,60 pour les réduits. On creuse, au milieu du fossé, parallèlement à l'escarpe, une rigole de 1 mètre de profondeur pour l'écoulement des eaux pluviales : c'est la *cunette*.

L'inclinaison des glacis est de 1/24.

RETRANCHEMENTS INTÉRIEURS ; CAVALIER. — Les retranchements intérieurs sont *permanents* ou *passagers ;* ils servent de réduit au bastion et de nouvelle défense en arrière de la brèche.

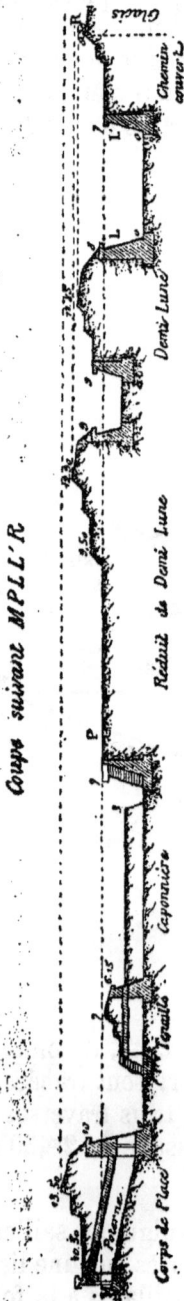

Figure 106.

Le retranchement intérieur permanent le plus usité est le *cavalier*, grande lunette de terre, dont les faces et les flancs sont parallèles à ceux du bastion, et dont la crête horizontale, élevée de 12 à 15 mètres au-dessus de la campagne, domine tous les ouvrages de la place et bat toutes les sinuosités du terrain environnant. Ses flancs ont 18 mètres au moins, afin de recevoir trois canons ; ils s'arrêtent à la gorge du bastion. On flanque le fossé du cavalier (profondeur 6m,50), à l'aide de coupures (*c, c'*) perpendiculaires à la face du bastion ; ces coupures ont un fossé de 10 mètres.

Le cavalier a l'inconvénient de s'offrir de très-loin aux coups de l'artillerie, et ne bat bien que les brèches des bastions voisins.

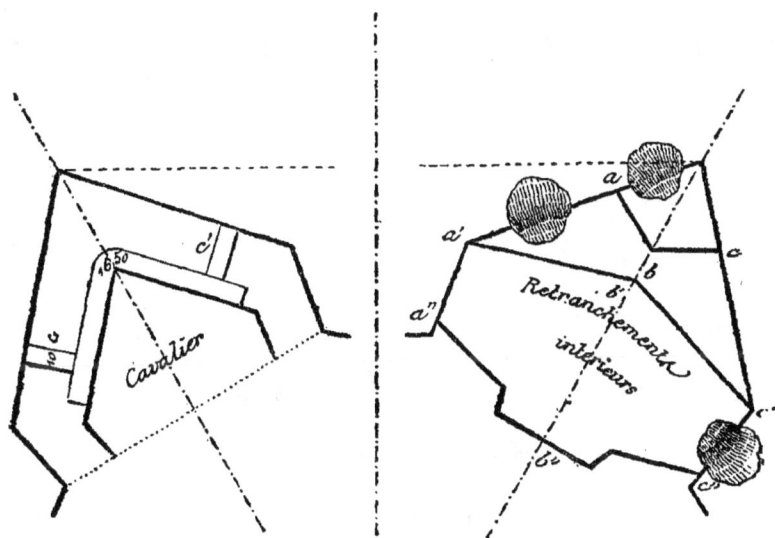

Figure 107.

On construit des retranchements intérieurs passagers « dans les
« bastions attaqués, afin d'en défendre les brèches. Dès que les fronts
« d'attaque sont connus. le commandant supérieur commence les
« retranchements nécessaires pour soutenir au corps de place un
« ou plusieurs assauts. Il y emploie les habitants ; il y fait servir
« les édifices, les maisons et tous les matériaux qu'il a sous la
« main. » (Art. 254 du règlement du 13 octobre 1863, sur le service des places).

Ces retranchements ont la forme d'une tenaille *a b c*, d'un redan *a' b' c'* ou d'un front bastionné *a'' b'' c''*. On les appuie aux faces ou aux flancs des bastions, en arrière des points battus par l'artillerie ennemie.

On ne les établit que dans les bastions *pleins*, c'est-à-dire dans ceux qui ont leur terre-plein au-dessus du niveau du sol de la place.

COMMUNICATIONS. — Les communications sont établies entre les différentes parties de la fortification, au moyen de *poternes*, de *rampes* et de *pas de souris*.

1º La *poterne* est un passage souterrain et voûté, de 3m,30 de largeur sur 2m,65 de hauteur ; la poterne pratiquée au milieu de la courtine vient déboucher à 2 mètres au-dessus du fond du fossé ; un escalier mobile en bois complète la communication, en temps de paix. Une autre poterne est percée sous la tenaille ; au sortir de cette poterne, le passage du fossé est couvert, à droite et à gauche, sur une largeur de 4 mètres, par deux parapets avec banquettes, élevés de 3 mètres au-dessus du fond du fossé. Ces parapets forment *la double caponnière* ; leur crête est extérieurement raccordée au fond du fossé par des glacis au 1/8 (*fig.* 105). La cunette traverse les caponnières et leur glacis au moyen d'un ponceau en maçonnerie ou en poutrelles.

Une poterne est pratiquée dans chacun des flancs du réduit de demi-lune.

2º Les *rampes* ont au moins 4 mètres de largeur ; leur pente varie entre 1/20 et 1/6.

Les principales conduisent : de la rue militaire au terre-plein du rempart ; du terre-plein bas au terre-plein haut du réduit de demi-lune ; du parapet du chemin couvert dans la campagne ; ces dernières, nommées *sorties du chemin couvert* (*fig.* 105, cote 9m,25) sont soutenues, des deux côtés, jusqu'à 6 mètres des crêtes, par de petits murs verticaux ; une barrière à double vantail ferme le passage.

3º Le *pas de souris* (*fig.* 105), *s, s, s*, est un escalier en pierre, incliné de 2/3, qui a de 1 à 2 mètres de largeur ; les marches ont uniformément 0m,20 de hauteur pour 0m,30 de profondeur.

Les pas de souris sont doubles ou simples ; il y en a : dans le pan coupé en arrière de la tenaille ; à la gorge du réduit de demi-lune ; dans le fossé de ce réduit pour monter sur le terre-plein de la demi-lune ; à la gorge des places d'armes rentrantes ; ceux-ci sont couverts par une caponnière simple, de 3 mètres de crête, établie dans le fossé de demi-lune perpendiculairement au chemin couvert.

On voit, d'après la nature de ces communications, que dans les places de Vauban et de Cormontaingne, l'armement des ouvrages par l'artillerie ne peut s'effectuer qu'en démontant les pièces et en employant les manœuvres de force.

PORTES DE VILLE. — La sortie principale se trouve au milieu d'une courtine, sous une voûte surmontée du parapet. Un pont est jeté sur le fossé ; la tenaille est coupée par une tranchée soutenue par des murs verticaux ; la route traverse le réduit de demi-lune perpendiculairement à sa face ; elle jette un premier pont sur le fossé de la demi-lune, un autre sur la place d'armes rentrante du chemin couvert, et elle débouche sur le glacis à travers une tranchée en ligne courbe.

Des portes solides interrompent, de distance en distance, ce passage, qui a 3 ou 4 mètres aux points où il coupe le parapet, et 10 mètres partout ailleurs.

Les ponts fixes ou *ponts dormants*, soutenus par des voûtes en maçonnerie, sont interrompus par des ponts-levis.

L'ancien pont-levis à flèche a été remplacé par le *pont-levis du général Poncelet* (*fig.* 108).

Les chaînes qui soutiennent le tablier du pont s'enroulent sur des poulies ; le contre-poids, lourde chaîne double, composée de masselottes de fonte, se rattache d'un côté à la chaîne d'attache du tablier et de l'autre à des points fixes.

On agit sur le tablier au moyen d'une chaîne sans fin s'engageant sur une grande poulie concentrique ; à mesure que le tablier s'élève, le contre-poids descend et maintient l'équilibre dans toutes les positions.

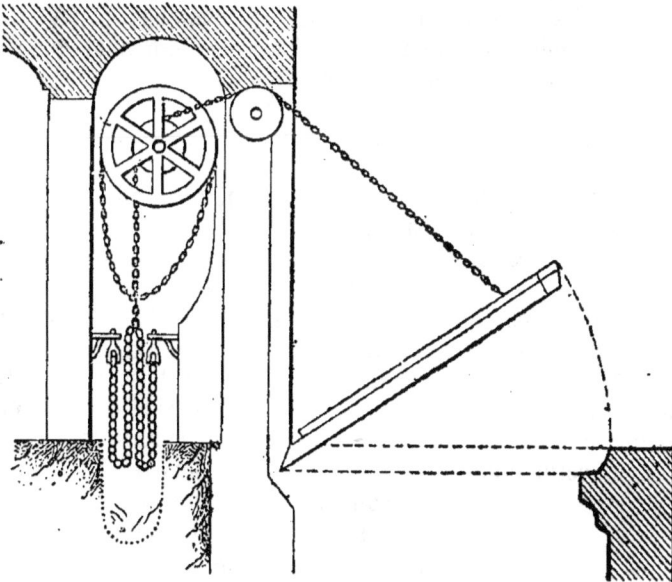

Figure 108.

C'est le système le plus facile à cacher et celui qui demande le moins de bras pour la manœuvre.

Mines. — Avant qu'on employât le canon à l'attaque des places, les assiégeants ouvraient des mines sous le sol pour pénétrer dans l'intérieur de l'enceinte, ou pour saper les murailles au-dessous de leurs fondations. L'assiégé creusait à son tour des *contre-mines* pour éventer les mines de l'ennemi.

Sous le règne de Louis XII, la poudre fut utilisée dans cette guerre souterraine : Pierre de Navarre s'en servit pour faire sauter les ouvrages du château de Naples (1503).

Le système des mines forme un accessoire important de la défense. Une galerie voûtée en maçonnerie, dite de contrescarpe, de 2 mètres de hauteur sur 1m,50 de largeur, est disposée sous le chemin couvert; on y pénètre par la gorge des réduits de places d'armes.

Il en part, de 30 en 30 mètres, des *galeries d'écoute* à peu près parallèles aux capitales et s'étendant jusqu'à 60 mètres en avant; les *rameaux*, destinés à contenir les *fourneaux de mine* avec lesquels on fera sauter les travaux de l'assiégeant, communiquent avec les galeries d'écoute.

On facilite l'aérage et les communications en réunissant les galeries d'écoute par une *galerie d'enveloppe*, creusée à 30 mètres de la galerie de contrescarpe, et parallèlement à elle.

Les mines se font pendant le siége, au moyen de châssis carrés disposés de mètre en mètre, et reliés par des planches.

Les puits de mine se construisent d'une manière analogue; ils sont espacés de 10 mètres en 10 mètres.

OUVRAGES AVANCÉS.

Quand il y a aux environs de l'enceinte une position dominante, ou un pli de terrain mal battu, on établit, sous le canon de la place, des ouvrages ouverts à la gorge qui concourent à la défense.

Le plus usité de ces ouvrages est une *lunette* dont les faces, flanquées par les bastions ou les demi-lunes de l'enceinte, ont de 60 à 80 mètres, et dont les flancs ont de 20 à 25 mètres; l'escarpe revêtue a de 5 à 7 mètres; le fossé, de 15 mètres, est précédé d'un chemin couvert, qui a des places d'armes rentrantes avec réduits.

La crête de cette lunette ne doit pas avoir plus de 1 mètre de commandement sur le chemin couvert de la place; elle s'élève de 2m,50 au-dessus du terre-plein. Pour éviter les surprises et résister à un assaut, ce terre-plein est fermé par un mur crénelé de 4 mètres de hauteur ou par un *mur à bahut* (*fig.* 109), formant parapet à 1m,30 au-dessus de la banquette.

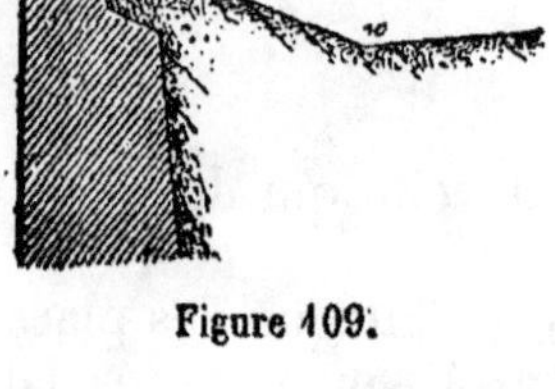

Figure 109.

La communication avec la place est établie par une galerie souterraine ou par une double caponnière à ciel ouvert.

La lunette peut être remplacée, surtout lorsqu'il s'agit d'une
tête de pont ou de la défense d'un faubourg détaché, par l'*ouvrage
à cornes* ou l'*ouvrage à couronnes* (*fig*. 29 et 30), avec escarpe revêtue et chemin couvert.

CITADELLE. — Les forteresses construites, au moyen âge, pour
protéger le suzerain d'une ville contre ses vassaux, ou bien, à l'é-
poque des guerres de conquête, pour maintenir les habitants dans
l'obéissance, sont devenues le réduit de certaines places fortes.

Établies d'ordinaire sur une hauteur, elles ont une enceinte fer-
mée séparée de la ville par une *esplanade ;* une porte de secours
donne sur la campagne, une autre communique avec la ville.

FORTS DÉTACHÉS. — Depuis l'immense accroissement de portée de
l'artillerie, le bombardement à grande distance a remplacé les
longs et pénibles travaux du siège en règle. C'est pour préserver la

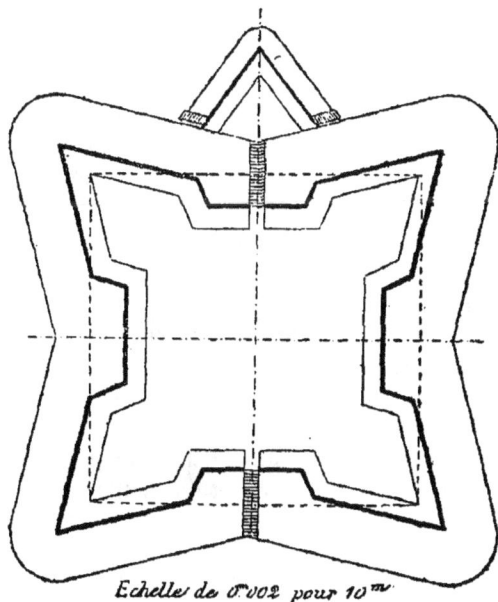

Echelle de 0m002 pour 10m

Figure 110.

ville de ce bombardement qu'on établit de 2,000 à 4,000 mètres de
la place, dans les positions les plus favorables, des forts indépendants de l'enceinte.

En plaine, ces forts ont la forme d'un quadrilatère (*fig.* 110) ou d'un
pentagone bastionné ; leur profil est le même que celui du corps de

place, leur escarpe a de 8 à 10 mètres de hauteur, mais ils n'ont d'autres dehors que le chemin couvert, avec un redan en avant des courtines les plus exposées.

FORTIFICATION FRANÇAISE DEPUIS 1815.

De 1815 à 1840, le génie français s'est contenté de réparer les anciennes places fortes endommagées par le temps ou par la guerre, de couvrir les escarpes trop exposées, de boucher les trouées dangereuses des fossés, de former des ressauts dans ces fossés (général Haxo), de défiler les terre-pleins à de plus grandes distances, d'élargir ou de faciliter les communications entre les ouvrages, et de créer des abris à l'épreuve de la bombe.

Depuis 1840, de grands travaux défensifs ont été accomplis : Soissons, les Rousses, Tournoux, le fort d'Urdos, les grandes places de Paris et de Lyon, les forts de Metz, etc.

La triste expérience de la guerre de 1870-71, où l'ennemi, à l'exception de Belfort et de Bitche, s'est emparé de toutes celles de nos places qu'il a attaquées, a démontré que les siéges étaient des combats d'artillerie à grande distance, dans lesquels la supériorité restait aux gros calibres, et que, pour tirer parti des 74 places fortes et des 92 citadelles, forts ou postes fortifiés que la France conserve encore, il fallait, selon les conclusions du colonel de Villenoisy [1] :

« Découvrir le terrain dans la limite de la portée des armes ;
« se ménager les moyens de lutter avec avantage par la *supériorité*
« *des calibres*, la longueur des lignes de feu ou l'accumulation de
« batteries placées les unes derrière les autres *en des points abrités* ;
« donner de la sécurité aux villes par la nature ou la situation
« avancée de la force protectrice ; garantir les défenseurs dans les
« ouvrages de combat, en leur procurant une habitation bien abri-
« tée sous le masif du rempart, et en *réduisant la profondeur de la*
« *fortification* à l'espace qui peut être protégé contre la chute des
« projectiles ; briser les crêtes pour battre dans plusieurs directions
« le terrain d'approche des remparts et en bien protéger les abords ;
« exercer une bonne surveillance sur le fossé et le pied de
« l'escarpe. »

Bien couvrir les maçonneries ; leur substituer, dans certains cas, des blocs de roc dur ; établir aux saillants des coupoles tournantes pour les plus grosses pièces, flanquer les fossés avec des mitrailleuses, et adopter, dans certains cas, les blindages en fer ou en acier de la marine.

---

[1] *La Fortification actuelle et les changements à y introduire*, par M. Cosseron de Villenoisy, colonel du génie. — Paris, Dumaine, 1872.

II. — Fortification polygonale.

MONTALEMBERT. — Vers 1761, le marquis de Montalembert, reprochant aux systèmes de Vauban et de Cormontaingne de ne pas donner d'abris contre les feux courbes (bombes, obus, tir à ricochet), proposa l'emploi de *casemates superposées*, c'est-à-dire d'abris voûtés et blindés, contenant, dans un très-petit espace, un grand nombre de canons en batterie.

Comme il trouvait le flanquement oblique dangereux et insuffisant, il construisait la magistrale sur le côté intérieur du polygone, et se servait, pour flanquer le fossé, d'une caponnière casematée en forme de lunette, établie sur la capitale; le tracé bastionné était ainsi remplacé par un *tracé tenaillé* où toutes les crêtes étaient perpendiculaires entre elles.

Montalembert protégeait les maçonneries des casemates à l'aide de masses couvrantes en terre nommées *couvre-faces*, et il formait un retranchement intérieur au moyen d'un cavalier en ligne droite, flanqué, en arrière des angles du polygone, par de hautes tours en maçonnerie.

Ce n'était plus la mousqueterie, *c'était le canon qui devenait l'âme de la défense*, et la guerre de siège était ramenée à ce qu'elle devait être, de nos jours surtout, une lutte d'artillerie à grande distance.

Vauban avait eu l'idée des camps retranchés sous les places fortes; Montalembert voulut couvrir les arsenaux contre le bombardement, par une ceinture de forts détachés, et faire de ces forts la ligne principale de résistance.

Le tracé du fort carré ou Fort Royal contient l'exposé de ce système, où les petits ouvrages et les chicanes de détail sont supprimés.

Ces idées nouvelles donnèrent lieu à une vive polémique que la Révolution française interrompit; l'expérience des longs sièges et des longues guerres devait, pendant vingt années, remplacer les discussions scientifiques.

CARNOT. — Carnot conservait la fortification bastionnée en la modifiant; il protégeait les escarpes par des couvre-faces, détachait ces escarpes du parapet, afin de diminuer la dépense et de gagner une nouvelle ligne de feu.

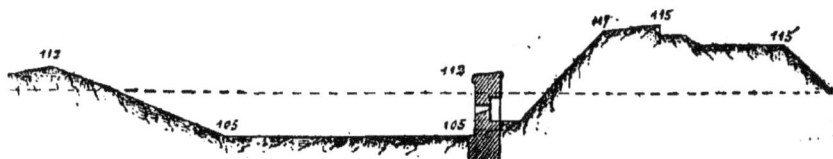

Figure 444.

Considérant les feux verticaux comme les seuls efficaces contre les travaux de l'assiégeant, il les combinait avec les sorties, et, pour faciliter les sorties, il ménageait dans le fossé les grands espaces nécessaires au ressemblement des troupes; le chemin couvert était remplacé par *un talus en contre-pente* raccordé avec le sol intérieur (*fig.* 111).

FORTIFICATION ALLEMANDE.

Après 1815, les ingénieurs allemands utilisèrent le tracé de Montalembert et le profil de Carnot dans l'organisation du système défensif de la Confédération germanique.

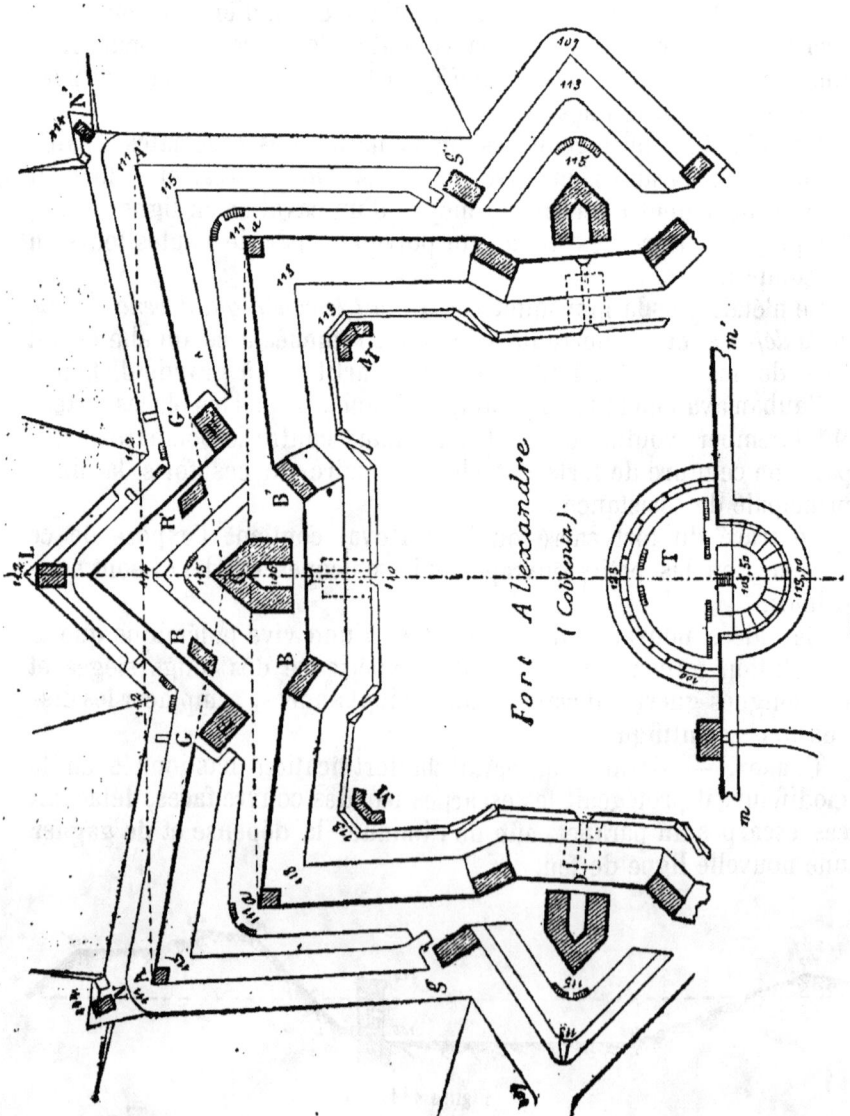

Fort Alexandre (Coblentz).

Figure 112.

Le fort Alexandre, qui fait partie de la défense de Coblentz, est le meilleur exemple qu'on puisse choisir du système polygonal.

Il a la forme d'un trapèze dont le plus grand côté a 475 mètres et le plus petit 400 mètres.

Trois côtés sont construits d'après les principes de Montalembert ; le quatrième, m, m', tourné vers la ville, se compose d'un mur crénelé, avec un grand réduit ciculaire T, casematé au centre.

Dans les trois premiers côtés, la magistrale a BB'a' est construite sur le côté extérieur, sauf une partie rentrante BB' qui est 1/3 environ de aa'.

La caponnière en maçonnerie C est une lunette de 30 mètres de gorge ; ses flancs, longs de 27 mètres, contiennent deux étages de

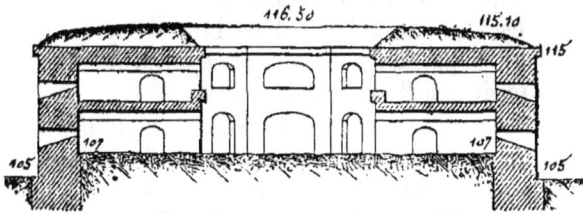

Echelle de 0,0015 pour 1ᵐ.

Figure 113.

casemates à canon (*fig.* 113), qui battent le fossé du corps de place ; ses faces sont percées de créneaux pour la mousqueterie.

La partie reculée de l'escarpe présente deux brisures casematées B, B' de 30 mètres, perpendiculaires aux faces de la caponnière, et qui croisent sur son saillant le feu de leurs 12 pièces.

Un couvre-face, en forme de redan, est placé à 20 mètres en avant de la caponnière ; à ses extrémités s'appuient des traverses casematées FF', à trois embrasures, qui flanquent un fossé de 15 mètres de largeur.

Sur le front d'attaque, les saillants du corps de place sont couverts par des *contre-gardes* gAG, G'A'g', qui s'appuient au couvre-face, de manière à boucher les trouées du fossé.

Le fossé de 15 mètres de ces contre-gardes est battu par des casemates à canon RR' ménagées dans le couvre-face.

Le chemin couvert est remplacé par le glacis en contre-pente de Carnot (*fig.* 111) ; sur le milieu du front principal se trouvent, en arrière de la crête du contre-glacis, un poste casematé L pour l'infanterie, et, aux saillants extrêmes, deux casemates N, N', de 4 canons chacune, donnant des feux de revers sur les attaques en capitale.

Des casemates à mortier M, M', construites au pied du rempart du corps de place, près des saillants, doivent lancer des bombes sur les travaux de l'assiégeant (idée de Carnot).

Le retranchement circulaire T de la gorge se compose de deux parties : la partie intérieure comprend deux étages de voûtes ; le premier étage crénelé flanque le fossé circulaire ; le deuxième étage, armé d'artillerie, balaye le terre-plein et les ouvrages du corps de place ; la plate-forme domine toutes les crêtes, et elle a une vue très-étendue sur les environs.

La partie extérieure du retranchement, armée de deux étages de canons, flanque le fossé de la gorge et bat le terrain en arrière jusqu'à Coblentz.

Un système de contre-mines, partant d'une *galerie générale de contrescarpe*, complète la défense du fort.

PROFIL. — L'escarpe détachée est un mur crénelé de 7 mètres de hauteur sur deux d'épaisseur. Elle est séparée du parapet par un chemin de ronde de 2 à 3 mètres (*fig. 111*).

L'escarpe naturelle du parapet est à terre coulante ; la crête du parapet du corps de place a 8 mètres de relief sur la campagne, et 2 mètres de commandement sur les crêtes des contre-gardes et du couvre-face.

Les fossés ont 5 mètres de profondeur.

Les caponnières, à un ou deux étages de voûtes, sont recouvertes d'un remblai de 1 mètre à 1^m,50 de terre ; elles ont une cour intérieure de 17 mètres.

La crête de ce remblai a 6^m,50 de relief sur la campagne ; la magistrale a un relief de 5 mètres.

PRINCIPALES OBJECTIONS. — Ce tracé n'a pas reçu encore la consécration de l'expérience ; mais on a reconnu que les maçonneries ne tenaient pas contre le canon, que les casemates devenaient inhabitables après quelques coups tirés, et qu'agglomérer des hommes dans des souterrains et sous des voûtes, c'était les exposer au typhus.

La fortification du fort Alexandre a une profondeur telle, que les projectiles de l'attaque rendraient intenables les terre-pleins et la cour intérieure.

Les défenseurs des faces latérales seraient pris à dos par le feu plongeant, qui, frappant les maçonneries, disperserait dans tous les sens des éclats de pierre dangereux.

Enfin, il n'y a pas de place pour un retranchement intérieur.

TOURS MAXIMILIENNES. — Les tours circulaires, dites maximiliennes, employées par les Autrichiens à la défense de Lintz et de Vérone, sont en maçonnerie à trois étages ; l'étage supérieur, voûté et à l'épreuve, est percé d'embrasures ; les deux autres abritent la garnison et les magasins; ils prennent jour sur le fossé par d'étroites fenêtres.

Un glacis garantit les maçonneries.

Toute l'importance de cette tour, où l'artillerie est disposée comme dans un vaisseau de haut-bord, consiste dans la batterie de la plate-forme, où 11 pièces de 24 tirent à barbette.

Constructions récentes. — Dans les constructions plus récentes, les ingénieurs allemands se sont rapprochés des idées anciennes :

En remplaçant le talus en contre-pente par une contrescarpe ordinaire;

En rétablissant le chemin couvert sans conserver les traverses, mais en ménageant un réduit casematé circulaire dans la place d'armes rentrante; exemples : Germersheim sur le Rhin (construite de 1836 à 1842), Posen sur la Wartha;

En adoptant l'escarpe reliée au parapet, avec adjonction de voûtes en décharge et de casemates;

En revenant au tracé bastionné ordinaire, bien muni d'abris casematés; exemple : les fronts bas de Rastadt, commencés en 1843.

Les casernes de Rastadt (d'après une idée empruntée au commandant français Choumara), peuvent servir, selon les circonstances, de retranchement extérieur ou de réduit défensif contre la population.

FORTIFICATION BELGE.

Le front type d'Anvers est considéré comme l'application la plus heureuse de la fortification polygonale. La ville est entourée d'une enceinte composée de onze fronts de 900 à 1,100 mètres de côté extérieur (*fig.* 123). Les parapets s'élèvent à une quinzaine de mètres au-dessus du sol; dans les parties de l'enceinte considérées comme accessibles, le fossé, de 60 à 140 mètres de largeur, est flanqué par de grandes caponnières casematées, que protège la forme presque circulaire de l'enceinte.

Des casemates basses, bien aérées, flanquent la tête de la caponnière principale et le couvre-face. Le chemin couvert, sans traverses, avec crochets et places d'armes rentrantes, est conservé tout le long de la fortification.

Les quatorze forts détachés ont une face extérieure de 400 mètres et une profondeur moyenne de 200 mètres; les faces latérales, disposées obliquement, sont flanquées par des casemates basses disposées dans l'angle de retour de la face principale.

La gorge est défendue par un grand réduit annulaire en maçonnerie, servant de caserne; ce réduit est abrité extérieurement par un couvre-face, et, à l'intérieur, par un glacis. Un fossé plein d'eau, très-profond, de 50 mètres de largeur, entoure l'escarpe.

Ce qu'il faut admirer surtout, dans la fortification d'Anvers, c'est 'habileté avec laquelle des abris ont été ménagés pour protéger la garnison contre les feux plongeants ou directs.

Les casernes sont établies dans de grands cavaliers élevés près des portes, et elles n'ont d'ouvertures que vers l'intérieur. Des voûtes en décharge sont pratiquées sous la face principale des forts, de manière à former une galerie-enveloppe assez large, en certains endroits, pour qu'on puisse atteler sans danger une batterie de campagne.

III. — Attaque et défense des places.

ATTAQUE.

On s'empare d'une place, par surprise, de vive force, par le blocus, par le bombardement, par un siége en règle.

Par surprise : lorsqu'on a des intelligences dans la place ou lorsque la garnison insuffisante a laissé sans défense certains points de l'enceinte ;

De vive force : par un coup d'audace qui peut réussir avec des troupes d'élite s'élançant, par une matinée brumeuse, dans les ouvrages mal gardés ;

Par le blocus, c'est-à-dire par la famine : lorsque des positions dominantes permettent à un corps de siége, beaucoup plus nombreux que la garnison, d'établir des lignes infranchissables, aussi bien contre les sorties que contre les armées de secours ;

Par le bombardement, c'est-à-dire par l'intimidation et par la pression que la population effrayée exercera sur un gouverneur trop faible : ce moyen, qui consiste à couvrir de bombes et d'obus les ouvrages de la place, ses magasins à poudre, ses dépôts de munitions, à démonter l'artillerie de la défense, à incendier les principaux quartiers de la ville, à massacrer indistinctement les femmes et les enfants, est celui qui a le mieux réussi dans la dernière guerre.

Ce moyen cruel devient, au bout de trois ou quatre jours, une dépense de projectiles et un acte de barbarie inutiles. Après ce temps, en effet, l'assiégeant est fixé sur les résolutions de la garnison et sur le patriotisme des habitants, l'assiégé s'est créé des abris qui rendent ses pertes de moins en moins sensibles.

SIÉGE EN RÈGLE. — Vauban voulait prendre les places « par industrie plus que par force. » Afin de ménager le sang du soldat, il a déterminé l'ensemble et la forme des travaux de terrassement qui permettent de pénétrer de vive force jusqu'à l'intérieur d'une place, énergiquement défendue, dans le temps le plus court et en perdant le moins de monde possible. C'est au siége de Maëstricht, en 1673, que Vauban appliqua ces principes pour la première fois.

INVESTISSEMENT. — L'armée de siége campe hors de portée de l'artillerie de la place ; elle forme ses parcs, ses magasins, ses hôpitaux, et profite des positions les plus favorables pour l'établissement des lignes de contrevallation et de circonvallation ; les fascines et les gabions, fabriqués par l'infanterie et la cavalerie, sont accumulés dans les *dépôts de tranchées*, pendant que le génie trace le *plan directeur*, d'après le choix du point d'attaque. Ces opérations sont protégées par un *corps d'investissement*, composé de troupes légères, qui a coupé les communications extérieures de la place et établi des postes solides de distance en distance.

TRAVAUX DE SAPE. — Les préparatifs achevés, *on ouvre la tranchée*. Cette tranchée, qui permettra à l'assiégeant de cheminer à couvert jusqu'à l'intérieur des fortifications, change de forme suivant la distance de la place et la nature de son feu.

L'infanterie est employée à tous les travaux de sape, qui se divisent en : tranchée simple, sape volante et sape pleine.

La *tranchée simple* se fait à portée de canon ; elle se compose d'un fossé de 1 mètre de profondeur et d'un parapet de 1^m,30 de hauteur, assez épais pour résister au boulet (*fig. 115*).

Le pied du talus est marqué par une *fascine à tracer*, de 0^m,15 de diamètre pour 1^m,30 de longueur, que chaque travailleur d'infanterie reçoit au dépôt de tranchée avec une pelle et une pioche. Cette fascine marque la longueur de sa tâche ; elle est déposée sur un cordeau tendu à l'avance par l'officier du génie qui dirige le tra-

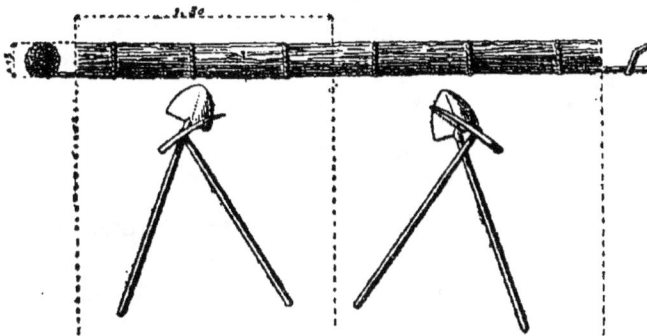

Figure 114.

vail. Les travailleurs posent leurs outils ainsi que l'indique la figure 114 et se couchent en arrière de la fascine, jusqu'au commandement de : « *Haut le bras !* » Ils commencent alors à creuser la tranchée en ménageant une berme de 0^m,30.

En certains endroits nommés *places d'armes*, on dispose la *tran-chée pour la fusillade* ou *le franchissement*, en formant, depuis la

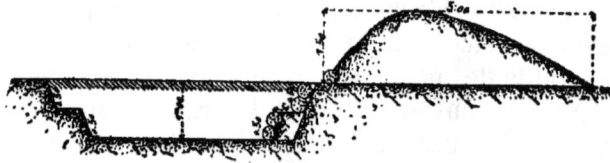

Figure 115.

crête jusqu'au fond du fossé, des gradins de $0^m,50$ de largeur et de **hauteur**, revêtus extérieurement de fascines (*fig.* 116).

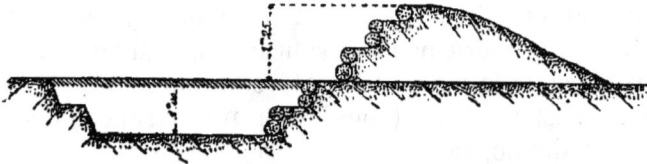

Figure 116.

A portée de mitraille, on emploie la *sape volante ;* les fascines sont remplacées par des gabions ; chaque travailleur apporte un gabion, qu'il plante devant lui et qu'il remplit ; il lance ensuite la terre en avant, le plus près possible. Les sapeurs du génie couronnent la

Figure 117.

gabionnade avec deux rangs de fascines, dont le premier est dou-ble ; la tranchée ainsi faite à même profondeur, même berme et même hauteur de crête que la tranchée simple (*fig.* 117), on y établit de la même façon des gradins pour la fusillade et le franchissement.

A portée de mousqueterie, les sapeurs du génie commencent la *sape pleine*, qui est, selon les cas, simple, double, demi-double ou demi-pleine ; son profil est le même que celui de la sape volante.

La sape pleine est creusée par une escouade de huit sapeurs du génie, se relayant par moitié ; les deux premiers sapeurs, munis de la cuirasse et du pot en tête, travaillent à genoux derrière un gabion renversé, de 2ᵐ,30 de longueur sur 1ᵐ,30 de diamètre, nommé

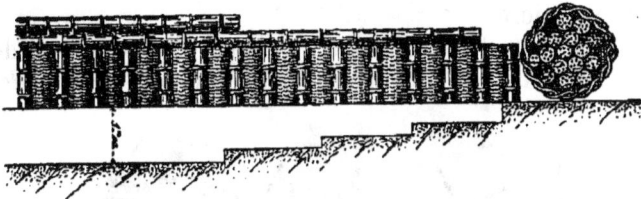

Figure 148.

gabion farci, parce qu'il est bourré de fascines. L'intervalle entre les gabions du parapet est garni avec des *fagots de sape*, placés verticalement (*fig.* 148).

Les sapeurs du génie *sont remplacés par les travailleurs d'infanterie* lorsqu'ils ont donné à leur *forme* une profondeur de 1 mètre et une largeur de 1 mètre en haut et de 0ᵐ,75 au fond.

On se sert de *la sape pleine double* pour marcher directement sur la place, et quand on est exposé au feu de deux côtés. Cette double sape est exécutée par deux brigades de sapeurs travaillant parallèlement à 4 mètres de distance.

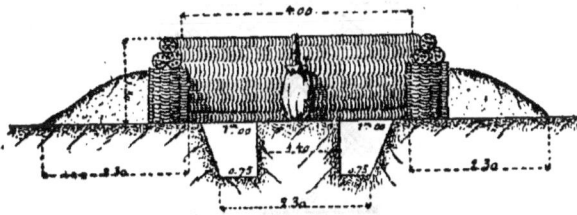

Figure 149.

Deux gabions farcis jointifs, dont l'intervalle est bouché par un sac de laine, couvrent la double tête de sape ; *le masque*, c'est-à-dire la masse de terre de 1ᵐ,40 de largeur qui reste entre les deux déblais, est enlevé par les travailleurs d'infanterie (*fig.* 119).

La sape demi-double s'exécute sur une chaussée étroite ou sur la plongée d'un parapet ; c'est une sape pleine sur le revers de laquelle on établit une gabionnade.

La sape est *demi-pleine* lorsqu'on n'a rien à craindre des feux de face et qu'on supprime le gabion farci.

PARALLÈLES ET COMMUNICATIONS. — A 1,000 mètres en avant des saillants du front d'attaque, la première parallèle est creusée perpendiculairement aux capitales de ces saillants. Elle communique en arrière avec les dépôts de tranchées par des *boyaux* tracés en zigzag sur les capitales. Des boyaux semblables conduisent jusqu'à la deuxième parallèle, construite à la sape volante à 300 mètres environ de la première.

La deuxième parallèle, exécutée à la sape volante, munie de gradins pour la fusillade et le franchissement, abrite la *garde de tran-*

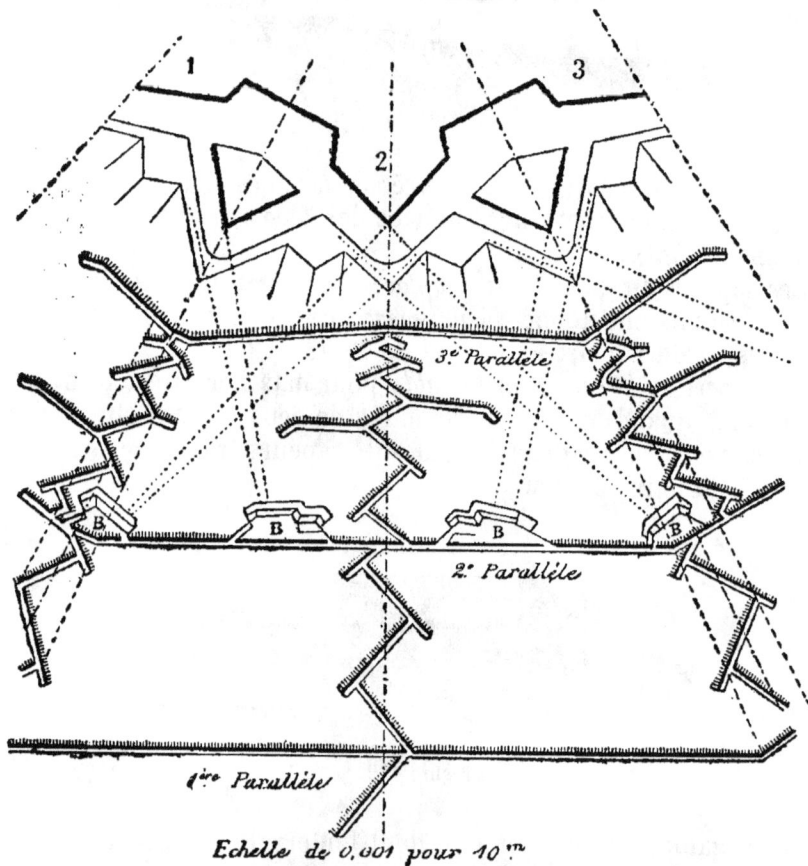

Figure 120.

chée. On y établit des batteries B, B, tirant de plein fouet et d'enfilade sur les ouvrages de la place.

A 125 mètres en avant, des portions de tranchées de 130 mètres de longueur forment, à droite et à gauche, des *demi-places d'armes,* à partir desquelles on chemine à la sape pleine jusqu'à la *troisième parallèle;* celle-ci est établie à 60 mètres en avant de la crête du chemin couvert.

En avant de cette troisième parallèle, des batteries de mortiers et de pierriers B couvrent de projectiles les bastions, les chemins couverts et les places d'armes.

COURONNEMENT DU CHEMIN COUVERT. — On se dirige vers la crête du chemin couvert de la demi-lune par deux sapes circulaires *a*, *a'* qui se réunissent sur la capitale à 15 mètres en avant (*fig.* 122).

On avance directement de 15 mètres encore à l'aide de la sape double, et l'on ouvre à droite et à gauche une tranchée circulaire appelée le T que l'on conduit jusqu'au prolongement des faces du bastion.

Chacune des branches de ce T se termine par *un cavalier de tranchée cc'* (*fig.* 122), retranchement composé de plusieurs rangées

Figure 121.

de gabions couronnés de fascines; la crête élevée de $3^m,50$ au-dessus du glacis plonge sur le chemin couvert (*fig.* 121).

On *couronne* ensuite les crêtes du chemin couvert, en dirigeant une sape le long des crêtes. On construit aussitôt, à l'abri des traverses, les *contre-batteries* (*c*B) qui détruisent l'artillerie de la défense, et les *batteries de brèche* (B', B') qui renversent l'escarpe du corps de place.

On opère *la descente du chemin couvert* et celle des fossés à l'aide de tranchées souterraines, qu'on est quelquefois forcé de blinder; les *blindes* sont des châssis en bois de 2 mètres de hauteur sur 1 mètre de largeur.

BRÈCHES. — Une *quatrième parallèle* part de la batterie de brèche pour réunir les têtes de sape.

Aussitôt qu'on a réussi à s'emparer d'une brèche, on y établit une enceinte de gabions nommée *nid-de-pie*, N, N.

Pour faire brèche aux saillants on emploie souvent les *fourneaux de mine*.

A mesure qu'on avance, on dispose de nouvelles batteries dans les endroits favorables pour éteindre les derniers feux de la place.

La descente du fossé du corps de la place s'exécute comme celle de la demi-lune; on fait dans le fond du fossé de la demi-lune des cheminements en zigzag qui conduisent jusqu'à son angle d'épaule, puis **on donne l'assaut** par les brèches du bastion.

Lorsqu'il y a un retranchement intérieur R, on s'en empare en exécutant le couronnement de sa contrescarpe, la descente du

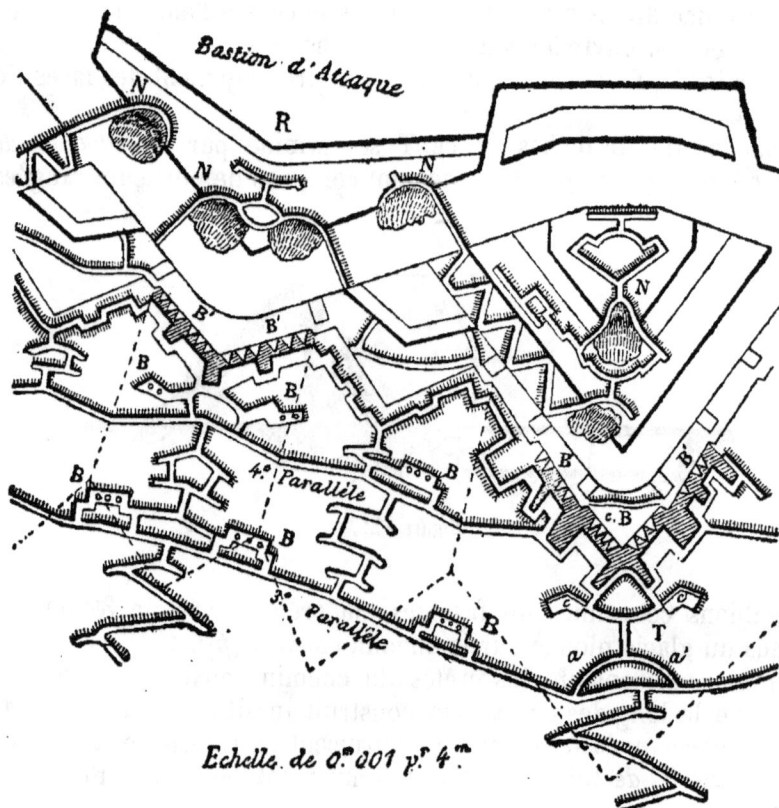

Figure 122.

fossé, et enfin en donnant un dernier assaut si les défenseurs n'ont pas capitulé.

DÉFENSE.

Une place assiégée se défend par *les sorties*, *les feux* et *les travaux*.

Aussitôt que le point d'attaque est connu, l'artillerie exécute l'armement de défense des bastions, des demi-lunes, des places d'armes menacées, et dispose des traverses entre les pièces; le génie exécute les retranchements intérieurs dans les bastions d'attaque.

A l'ouverture de la tranchée, on éclaire les travaux de l'assiégeant au moyen de la lumière électrique ou de balles à feu; on tire à bombe et à mitraille sur les travailleurs, à boulet sur les parapets.

Une *grande sortie* appuyée par l'artillerie de campagne peut être tentée contre la deuxième parallèle ; si elle réussit on brûle ou on bouleverse les travaux de l'ennemi.

L'artillerie de la place lutte contre les batteries de l'attaque ; des embuscades sont creusées, en avant des glacis, pour abriter de bons tireurs qui visent les canonniers.

Les pièces démontées de la défense sont remplacées.

De *petites sorties*, composées d'hommes d'élite, sont dirigées contre les têtes de sape de la troisième parallèle, pour disperser les travailleurs et mettre le feu aux gabions farcis ; elles se retirent ensuite derrière les embuscades à l'arrivée de la garde de tranchée.

Chacun des ouvrages sera défendu *pied à pied*. Des embrasures obliques seront ouvertes dans les parapets, pour tirer sur les batteries de brèche.

On organise la défense de la brèche au moyen d'abris blindés.

Si une brèche était enlevée, il faudrait la rendre intenable à l'ennemi en y faisant converger les feux des ouvrages voisins.

Jusqu'au dernier moment, un retour offensif peut arrêter l'effort de l'assaillant épuisé, et changer en déroute ses premiers succès.

On peut exécuter aussi des *travaux de contre-approche*, c'est-à-dire des tranchées faites à la sape pleine ou à la sape volante pour se donner des vues de revers sur les boyaux de communication de l'assiégeant ; ces tranchées partent des saillants du chemin couvert. Pour que l'ennemi ne puisse pas les utiliser s'il s'en empare, il faut qu'elles soient parfaitement enfilées par l'artillerie de la place. On les termine le plus souvent par une redoute.

Il y a dans notre histoire des exemples célèbres de garnisons surprises reprenant à l'ennemi la place où il avait pénétré.

L'exemple le plus extraordinaire est celui de Berg-op-Zoom.

Le 8 et le 9 mars 1814, le général Bizannet, à la tête d'une poignée de vétérans et de conscrits, attaqua résolûment quatre fortes colonnes anglaises qui s'étaient emparées la nuit par surprise des trois quarts de la ville ; après leur avoir fait perdre 4,000 hommes, il les obligea à mettre bas les armes dans l'intérieur même de la place qu'elles croyaient avoir conquise.

La défense dépend de la bravoure de la garnison et de l'énergie du gouverneur ; celui-ci, en se conformant strictement au règlement, réussira souvent à sauver la place qui lui est confiée et toujours à satisfaire honorablement aux exigences du devoir militaire.

La défense de Sébastopol est de nos jours le plus grand exemple à consulter.

Les sorties aussi bien que la défense pied à pied, les surprises nocturnes, les travaux improvisés, les mines préparées pour détruire les ouvrages évacués, les retours offensifs et surtout l'indomptable énergie qui animait jusqu'au moindre soldat de la garnison, ont contribué autant à la gloire de l'armée russe qui a défendu Sébastopol qu'à celle de l'armée française qui s'en est emparée.

Dans la dernière guerre, nos places n'avaient été armées qu'en vue de la défense pied à pied ; la plupart se sont trouvées impuissantes contre les moyens nouveaux employés par l'attaque, et certaines défenses ont été dignes des vieilles traditions françaises.

IV. — Camps retranchés.

Les camps retranchés sont de vastes enceintes fortifiées destinées à contenir une armée.

Une première ligne continue renferme le matériel, les approvisionnements et une garnison ; une deuxième ligne extérieure, à ouvrages détachés, *lunettes ou redoutes*, couvre les masses de l'armée.

CAMPS SOUS LES PLACES. — Au déclin de la fortune militaire de Louis XIV, Vauban, pour défendre la frontière menacée par des armées victorieuses, voulut empêcher les places du nord de la France d'être investies et livrées à leurs seules ressources.

Il fallait pour cela « les lier aux armées actives qui renouvelleraient sans cesse leurs garnisons et leurs approvisionnements. »

Vauban créa, sous Dunkerque, Maubeuge, Givet, etc., les premiers camps retranchés, qui contribuèrent à arrêter Marlborough et le prince Eugène, et qui, de 1793 à 1795, aidèrent puissamment à organiser les armées du Nord, de la Sambre, de la Moselle et du Rhin.

PIVOTS STRATÉGIQUES. — Le général Rogniat, d'après l'expérience puisée dans les guerres d'Espagne, a posé ce principe : *Les États doivent faire des armées actives la base de leur système de défense.*

Il voulait, comme Vauban, que les grandes places fussent liées aux opérations des armées pour leur servir de points d'appui, de centre de recrutement et d'approvisionnement.

Dans ce but il choisissait, tant à la frontière qu'à l'intérieur, un petit nombre de villes placées dans des dispositions stratégiques très-importantes, et il les organisait en vastes camps retranchés au moyen de la place servant de réduit, et d'une ceinture de forts détachés reliés entre eux, en temps de guerre, par des lignes de fortification demi-permanentes, défendues par des batteries de très-gros calibre.

De larges intervalles permettaient aux troupes, concentrées ou réfugiées dans le camp, de se porter facilement au-devant de l'ennemi et de tenter toutes les entreprises nécessaires à une *défense active et éloignée*, comme celle de Mayence par Aubert-Dubayet,

Meusnier et Kléber en 1794, celle de Gênes par Masséna en 1800, celle de Dantzick par Rapp. Les dernières guerres ont démontré que cette défense était la seule efficace.

Les idées de Vauban et de Rogniat ont été appliquées par les Allemands à la défense du Rhin : Coblentz, Cologne, Mayence ont été organisées en camps retranchés ; à Mayence, on a choisi comme positions défensives l'emplacement des batteries de siége de 1794.

Lintz et Ulm sur le Danube, Vérone dans le quadrilatère lombard, Paris, Lyon, Metz et enfin Anvers, sont jusqu'à présent les principaux camps retranchés de l'Europe.

Metz et Strasbourg, où s'exécutent de grands travaux, vont devenir les *places-manœuvres*, les *pivots stratégiques* de la frontière allemande, de même que le quadrilatère du nord (Lille, Arras, Valenciennes, Cambrai), Belfort, Besançon, Langres, Lyon et Toulon paraissent devoir former, avec l'enceinte de Paris agrandie, les bases du système défensif de la France.

Coblentz. — La clef de la défense du Rhin est la place de Coblentz, au confluent de la Moselle. Sur les versants de la rive gauche de la Moselle, on a construit une ligne de six forts détachés, en arrière desquels un septième fort sert de réduit.

La plupart des hauteurs considérables de la rive droite du Rhin sont occupées par des ouvrages fermés, dont les plus importants sont le fort Aster et la forteresse d'Ehrenbreitstein, qui domine tous les plateaux environnants et pourrait servir de refuge à la garnison de Coblentz et de ses forts.

Le confluent est défendu, au sud-ouest de la ville, par le plateau de la Chartreuse, commandé par les hauteurs de la rive droite du Rhin. Ce plateau est défendu par le fort Alexandre (*fig.* 112), communiquant par une galerie souterraine avec le fort Constantin placé en arrière sur la croupe du contre-fort.

L'enceinte de Coblentz, construite d'après le système polygonal, est composée de fronts tracés en forme de tenaille sur un côté extérieur de 370 mètres environ. Les caponnières, qui flanquent le fossé en avant de l'angle rentrant, ont la forme d'un petit bastion (*fig.* 112).

Anvers. — Le colonel Brialmont a construit à Anvers une vaste place de refuge pour l'armée belge. Les travaux, commencés en 1859, comprennent une enceinte continue de 12 kilomètres, reliée, au nord, à une citadelle qui défend les passes de l'Escaut, et qui servirait au besoin de réduit à la garnison (*fig.* 123).

Le camp retranché est formé par une ceinture de 14 forts détachés à 3,500 mètres en moyenne. A marée haute, les eaux de l'Escaut couvrent la rive gauche du fleuve et les terrains de la rive droite situés au nord et au nord-ouest ; si bien que l'assiégeant ne

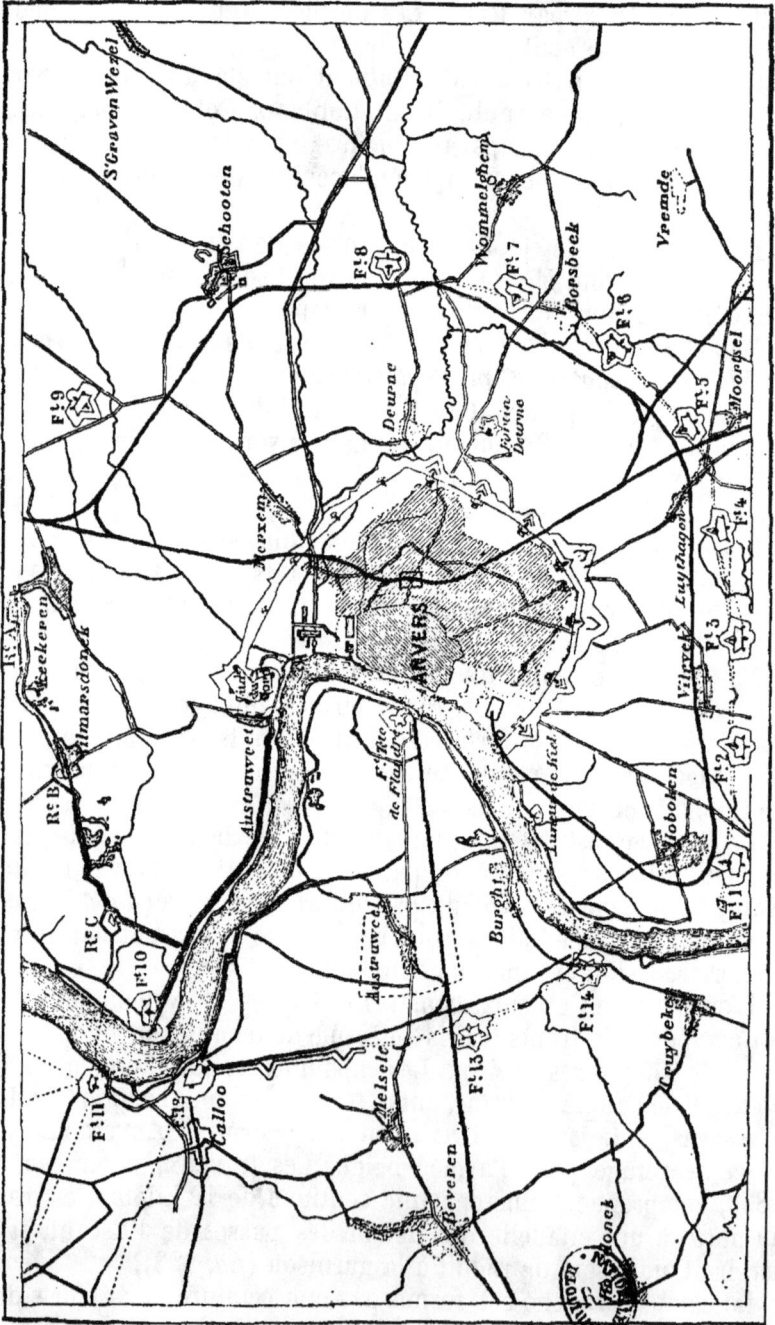

pourrait diriger des cheminements que sur l'un des 4 fronts qui ferment la ville au sud-ouest.

L'ensemble de la fortification d'Anvers a été soigneusement disposé pour la défense rapprochée, et la grande étendue des crêtes la rend favorable à la lutte d'artillerie. La seule critique qu'on ait adressée à cette grande entreprise, menée à si bonne fin par le génie belge, c'est le manque de proportion entre les ressources du pays et les dépenses occasionnées par la construction et l'armement de ce vaste camp retranché, que l'armée entière suffirait à peine à défendre.

Paris. — Après les cinq mois de siége que Paris a soutenus sans qu'un seul de ses forts ait été pris par l'ennemi, après un bombardement qui n'a produit d'autre résultat que d'exaspérer la population et de l'encourager à prolonger la défense, l'étroit investissement que les Allemands avaient réussi à former, en retranchant les hauteurs qui entourent Paris de tous côtés, a amené la famine et la capitulation.

Il faut donc, puisque Paris est le centre stratégique de la France, puisque sa prise entraîne l'occupation et la ruine du pays, augmenter ses moyens de résistance, agrandir sa zone d'approvisionnement, et mettre ses richesses à l'abri du bombardement, quelques progrès que puisse faire encore l'artillerie à longue portée.

C'est le but de la loi du 27 mars 1874, qui prescrit la construction de nouveaux forts autour de Paris.

Ces forts, placés sur les hauteurs qu'occupait l'armée ennemie, formeront les points d'appui d'une première enceinte de 120 kilomètres de circonférence.

A l'intérieur de cette enceinte, l'armée de la défense pourra se constituer fortement, elle campera loin de la population, et un vaste terrain, riche en ressources de tout genre, pourra être exploité au profit des défenseurs, pendant que l'assiégeant sera maintenu par la grosse artillerie des forts et des batteries permanentes sur des plateaux peu fertiles et peu habités.

Au moment du siége de 1870, l'enceinte continue, construite en 1841, était formée de 93 fronts bastionnés donnant un développement total de 38,600 mètres.

Le côté extérieur de ces fronts varie de 300 à 400 mètres: l'escarpe en maçonnerie, de 10 mètres de hauteur, supporte un parapet de 6 mètres d'épaisseur, qui a une plongée au 1/6, et deux banquettes, l'une à 1m,30 pour l'infanterie, l'autre, pour l'artillerie, à 2m,10 au-dessous de la crête; le terre-plein de 18 mètres est raccordé au sol naturel par un talus aux 2/3.

Le fossé, de 14 mètres de largeur pour 6 de profondeur, a une contrescarpe à 1/1 non revêtue. Cette contrescarpe est bordée par un

Hardy.   9 chemin de ronde de 1 mètre de largeur, dont la crête, haute de 2ᵐ,50, se raccorde avec le sol par un glacis de 18 mètres de largeur en projection.

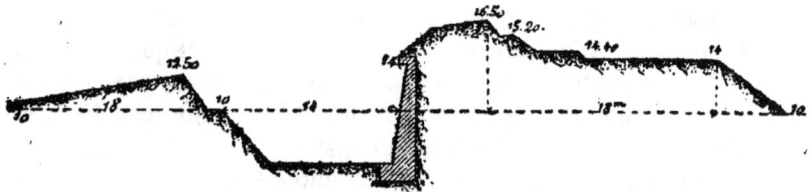

Echelle de 0.0015 pour 1ᵐ

Figure 124.

Quinze forts sont détachés en avant de l'enceinte : au nord, la *Briche*, la *Double Couronne* et le *fort de l'Est*, reliés par un camp retranché appuyé au canal Saint-Denis, couvrent Saint-Denis et la route du nord;

A l'est, *Aubervilliers*, *Romainville*, *Noisy*, *Rosny* et *Nogent*, avec *Vincennes* en arrière comme réduit, défendent l'espace compris entre le canal de l'Ourcq et la Marne;

Les redoutes de la *Faisanderie* et de *Gravelle* ferment la boucle de la Marne;

Le fort de *Charenton* couvre son confluent;

Au sud, *Ivry*, *Bicêtre*, *Montrouge*, *Vanves*, *Issy*;

A l'ouest, la citadelle du *Mont-Valérien* (cote 161) défend l'entrée de la presqu'île de Gennevilliers, et domine les deux rives.

Ces forts sont des quadrilatères ou des pentagones, avec un chemin couvert et des traverses; ils contiennent des casernes pour 1,500 ou 3,000 hommes et des casemates pratiquées dans l'épaisseur des courtines et des cavaliers.

Ils sont à 2,000 ou 3,000 mètres les uns des autres, et à 2,000 mètres en moyenne de l'enceinte; les plus éloignés (4,000 mètres) sont les forts de l'Est et de Nogent.

La loi du 27 mars 1874 a décidé la construction de sept forts de premier ordre (comprenant chacun cinq ou six fronts bastionnés, une garnison de 1200 à 1500 hommes, et un armement de 60 pièces d'une portée de plus de 9 kilomètres), de dix ouvrages de second ordre et de 3 batteries permanentes, le tout formant un ensemble de trois camps retranchés, centres tactiques de la défense extérieure de Paris :

1° *Camp retranché du Nord*, couvrant le point probable d'attaque : la position de Saint-Denis sera défendue par les forts de *Cormeil* et de *Domont*, par les ouvrages de Montlignon, de Montmorency et de Stains, et par l'occupation des villages de Sannois et d'Ecouen. Les anciens ouvrages de Saint-Denis formeront la base de cet ensemble, qui donnera à la défense une action latérale puissante sur la vaste plaine du nord-est.

2º *Camp retranché de l'Est*, couvrant le point d'arrivée de l'ennemi : son front est formé par le fort de *Vaujours* (à 13ᵏ,500 de l'enceinte), par l'ouvrage de Chelles, la tête de pont de la Marne (entre Noisy-le-Grand et Villers), et par le fort de *Villeneuve-Saint-Georges* (à 12ᵏ,000), reliés entre eux par une série d'ouvrages de campagne ; la gauche de cette ligne, couverte par le canal de l'Ourcq, sera rattachée, au moment du besoin, au camp retranché de Nogent par quelques ouvrages improvisés ; sa droite est couverte et reliée aux forts d'Ivry et de Charenton par le cours de la Seine.

Cette longue ligne de défense, s'étendant depuis l'Oise jusqu'à la haute Seine, donnera à la fois satisfaction aux exigences de la dé-

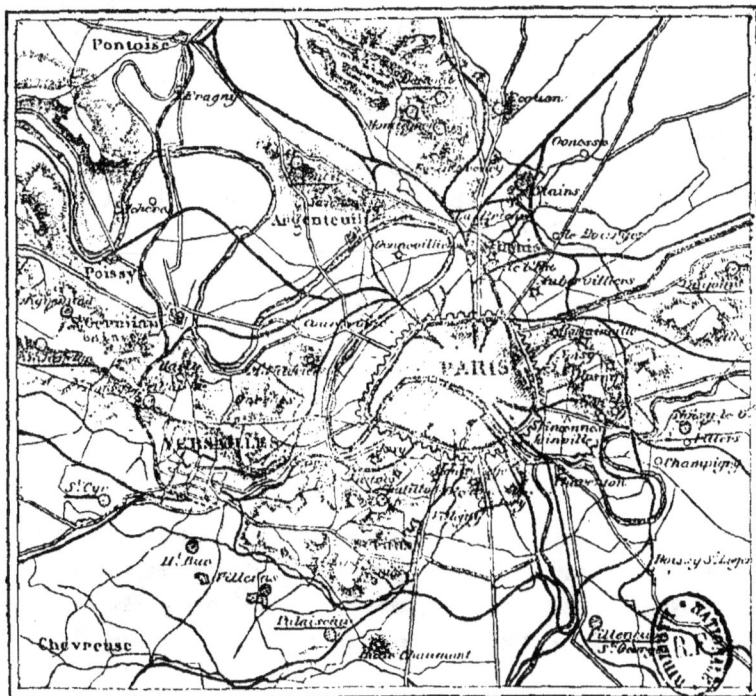

Figure 125.

fense passive et de la défense active ; l'armée de Paris pourra déboucher à volonté, sous la protection des forts, soit dans la grande plaine du nord-est, soit entre la Marne et la Seine.

3º *Camp retranché du Sud-Ouest* : la région du sud-ouest, que le

voisinage de la Beauce et de la Normandie indique pour le ravitail-
lement, est en même temps plus accessible aux armées de secours.
Elle sera couverte par les ouvrages de Châtillon et de Verrières,
par le fort de *Palaiseau*, les ouvrages de Villeras, de Haut-Buc,
par les forts de Saint-Cyr et de Sainte-Jamme, par les ouvrages de
Marly (à 13^k,000) et d'Aigremont.

Sceaux, Versailles, Saint-Germain, Poissy se trouveront ainsi à
l'intérieur des lignes et à l'abri des tentatives de l'ennemi.

Un chemin de fer grand circulaire reliera, en arrière de la première enceinte, toutes les lignes ferrées qui partent de Paris ; il
passera par Stains, le Bourget, Champigny, Villeneuve-Saint-Georges, Bièvre, Versailles, Noisy-le-Roi, Saint-Germain, Achères, Era-
gny et Pontoise.

Les anciens forts rempliront désormais le rôle de deuxième ligne
et de réduits partiels ; ils recevront cependant les améliorations
dont l'expérience des deux siéges de 1870 et 1871 a démontré la
nécessité ; c'est-à-dire qu'on y créera de nouveaux abris pour la
garnison, ses munitions et ses approvisionnements ; qu'on renfor-
cera les casemates, et qu'on assurera la sécurité des communications sous le feu.

Ainsi organisé, Paris sera une source presque inépuisable de
moyens de résistance et le principal point d'appui de nos armées
dans une guerre défensive.

AVIS IMPORTANT.

Chacune de ces conférences a été divisée en quatre
parties à peu près égales, pour que l'officier chargé du
Cours de Fortification puisse, au besoin, diviser son
enseignement en huit ou même en seize leçons.

TABLE DES MATIÈRES.

———

PREMIÈRE CONFÉRENCE.

I. — Généralités.

II. — Étude du retranchement.

PROFIL DU RETRANCHEMENT.

TRACÉ DU RETRANCHEMENT.

CONSTRUCTION DU RETRANCHEMENT.

TRACÉ D'UN REDAN. — PROFILEMENT.

III. — Principaux ouvrages de campagne.

IV. — Défilement.

DEUXIÈME CONFÉRENCE.

I. — Lignes.

II. — Tranchées de bataille.

III. — Pionniers d'infanterie.

III. — Destruction des obstacles.

MOYENS EMPLOYÉS.

DESTRUCTION DES DÉFENSES ACCESSOIRES.

DÉMOLITIONS.

IV. — Destruction et rétablissement des communications.

DESTRUCTION D'UNE VOIE FERRÉE.

RÉTABLIR LE PASSAGE.

PONTS DE CAMPAGNE.

QUATRIÈME CONFÉRENCE.

I. — Fortification bastionnée.

ORIGINES.

VAUBAN.

ERRATA

Pages 66, 8ᵉ ligne, *au lieu de* : ... soit avec une corbeille conique en osier (*fig.* 81), *lire* : (*fig.* 79).

— 68, 40ᵉ ligne, *au lieu de* : ...; si l'on ménage un *poste* de sortie, *lire* : si l'on ménage une *porte* de sortie.

— 78, 6ᵉ ligne, *au lieu de* : Lorsqu'il y a lieu de *relever* plusieurs barrages, *lire* : Lorsqu'il y a lieu d'*élever* plusieurs barrages.

— 98, 34ᵉ ligne, *au lieu de:* .... à la distance *A B*, *lire :* ... à la distance *A B'*.

Paris. — Imprimerie de J. Dumaine, rue Christine, 2.

www.ingramcontent.com/pod-product-compliance
Lightning Source LLC
Chambersburg PA
CBHW070805290326
41931CB00011BA/2141